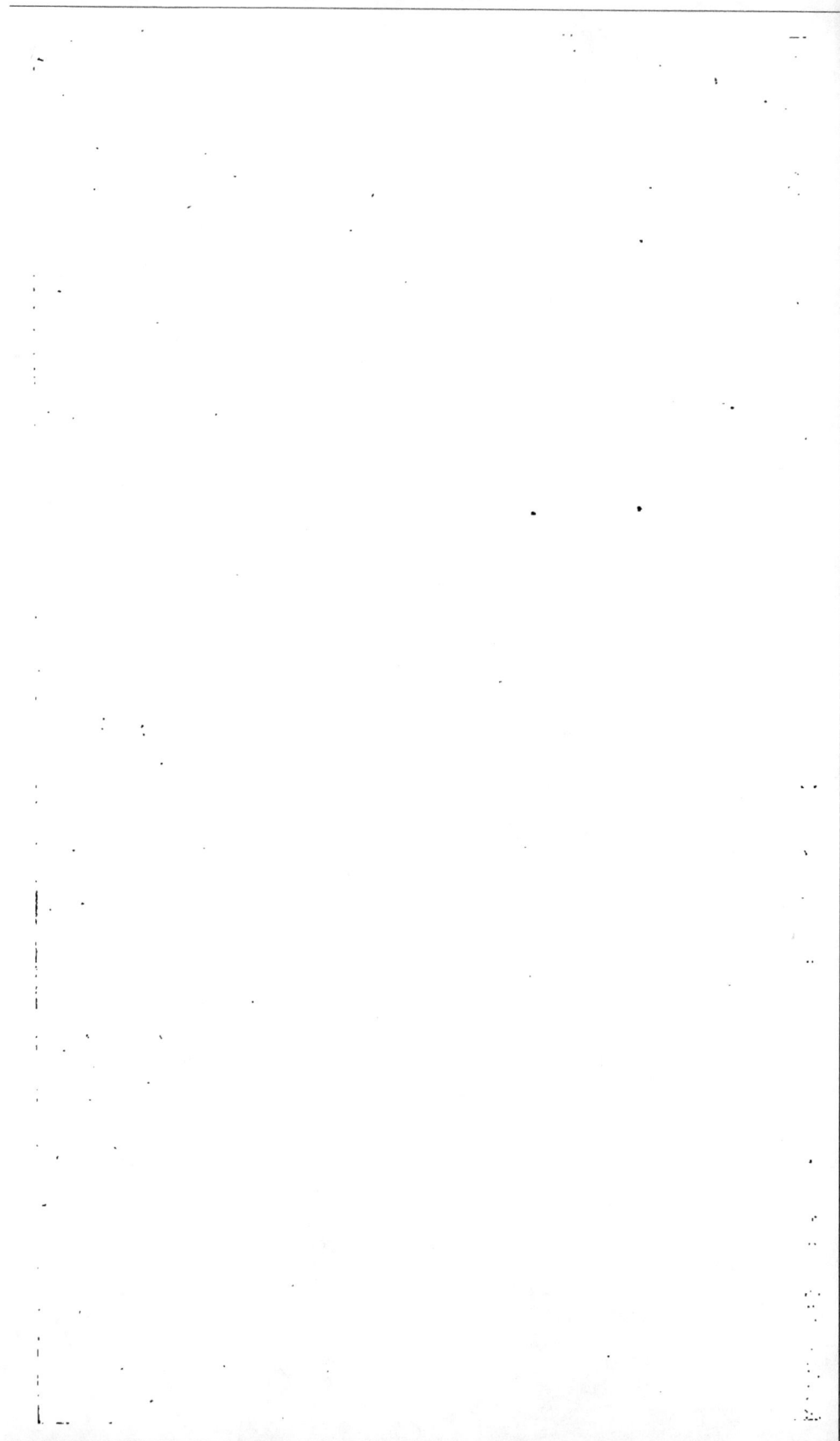

CODE IMPÉRIAL

OU

RECUEIL CHRONOLOGIQUE

DES LOIS CONSTITUTIONNELLES

DE L'EMPIRE FRANÇAIS,

Contenant le Sénatus-Consulte du 28 floréal an XII, les Sénatus-Consultes organiques, les Lois, les Décrets et les Statuts impériaux relatifs à la mise en activité du Gouvernement impérial, et le nouveau cérémonial ;

Terminé par une analyse des Discours et Opinions prononcés sur la dignité impériale héréditaire dans la famille de Napoléon Bonaparte.

A PARIS,

CHEZ RONDONNEAU, AU DÉPÔT DES LOIS,

CI-DEVANT PLACE DU CARROUSEL,

MAINTENANT HÔTEL DE BOULOGNE,

RUE SAINT-HONORÉ, N°. 75, PRÈS SAINT-ROCH,

AN XII. — 1804.

DISCOURS HISTORIQUE

ET

PRÉLIMINAIRE.

Offrant un coup-d'œil rapide sur les Constitutions de 1791, 1793, an II, an III et an VIII.

UN sage a dit : *Pour donner de bonnes lois à un peuple, il faut avoir vécu plus de cent ans.* En effet, si les lois civiles doivent se plier aux mœurs, aux habitudes, aux usages d'une nation, sa constitution politique doit être essentiellement conforme à son caractère et à ses passions. Elle doit recueillir, exciter, maintenir ses goûts et ses nobles penchans, développer et favoriser ses talens, son industrie et son commerce. Un peuple simplement agricole n'a besoin ni de grandes magistratures, ni de la pompe des hautes dignités, tandis que la nation industrieuse et commerçante exige que son chef paraisse avec éclat, et que tous ceux qui sont appelés à remplir des fonctions publiques réfléchissent un rayon de cette gloire éminente.

Les mêmes lois politiques ne peuvent convenir à un peuple nombreux et à celui qui est circonscrit dans un petit territoire ; à un peuple guerrier et enthousiasmé de la passion des armes, et à celui que sa position ou son goût éloignent des dangers de la guerre ; à la nation qu'une immense population, l'activité de son génie et sa position géographique rendent nécessairement manufacturière et commerçante, et à celle qui n'a aucun de ces avantages.

Ainsi, une constitution n'étant et ne devant être autre chose que l'établissement de l'ordre dans lequel une nation se propose de travailler en commun, pour obtenir les avantages qui sont le but de toute la société, elle doit vouloir la félicité et le bonheur de chacun et de tous. Elle réunira tous ces avantages si elle est constamment en harmonie avec le caractère dominant de la nation, avec les habitudes qu'une longue suite de siècles lui fait considérer comme des lois immuables, avec les préjugés que ses habitudes lui ont donnés; si elle est la base de la tranquillité publique, le plus ferme appui du Gouvernement, si elle est enfin le gage et le garant de la liberté des citoyens : elle sera durable si le peuple, avant de se donner ou d'accepter cette constitution, choisit la meilleure possible, et la plus convenable aux circonstances dans lesquelles il se trouve : les circonstances ne doivent être ni passagères ni faibles. Il faut qu'un peuple ait toujours sous les yeux l'étendue de son territoire et de sa population, sa position géographique, ses rapports avec les puissances amies ou rivales, la place que sa gloire ou sa réputation lui assigne parmi les autres peuples; il ne faut pas que l'enthousiasme, la présomption ou l'indifférence lui dictent ou lui arrachent des suffrages; il faut sur tout qu'il se garde des prestiges de la brillante nouveauté, des sophismes des orateurs, des illusions mensongères du bonheur qu'on lui promet, des clameurs de la multitude autant que des abstractions métaphysique de ces hommes qui veulent tout soumettre à leurs séduisantes théories.

Solon auquel personne ne peut contester ni la sagesse de ses maximes, ni la vérité de ses principes, ni l'excellence de ses vues, Solon ne put donner aux Athéniens que des lois mauvaises ou défectueuses. Elles ne s'accordaient point avec le goût et le caractère de ce peuple léger, inconstant et capricieux, amant idolâtre de la liberté, et asservi sous le joug de ceux qui savaient le façonner à la soumission, brisant avec fracas, dans le délire de son ingratitude, les idoles qu'il s'était faites, fier dans les camps, intrépide dans les combats, passionné pour la gloire des armes, et dans les assemblées publiques, le jouet, l'instrument ou l'esclave de ses orateurs. La république d'Athènes ne dut enfin sa chute qu'à l'inconvenance de ses lois avec les mœurs et le caractère de ses habitans.

Rome, au contraire, ne parvint à cette grandeur colossale qui effraye l'imagination, que par ce que ses lois constitutionnelles furent toujours en harmonie avec son penchant; un peuple belliqueux avait besoin d'un Roi, mais son pouvoir était tempéré par celui du Sénat qui était son conseil.

Après l'exil des Tarquins, on nomma des Consuls, mais ils eurent toutes les prérogatives et l'autorité des Rois auxquels on les avait substitués : ils furent revêtus de toutes les marques extérieures de la royauté; on les portait dans une chaise curule d'yvoire, ils étaient décorés de la robe pectorale, ils étaient précédés par des licteurs portant des faisceaux et des haches d'armes.

Le peuple romain en voyant ses deux Consuls environnés de toute la pompe et de l'appareil du trône, aurait pu croire qu'il avait deux Rois au lieu d'un. Valérius-publicola, craignant que cette opinion n'avilît ou n'affaiblît l'autorité consulaire, fit une loi pour ordonner qu'un seul Consul aurait

le droit alternativement pendant un mois de se
faire précéder par les licteurs ; celui qui n'était pas
de mois marchait précédé seulement d'un huissier,
et accompagné de licteurs sans faisceaux et sans
haches.

Le même Valerius-Publicola voulut dès l'origine
opposer une barrière à l'ambition et a l'usurpation
des pouvoirs : il régla par une loi, que nul ne
pourrait exercer aucune magistrature sans le consentement du peuple, et il permit à tout citoyen
de tuer celui qui oserait enfreindre cet article,
enfin il rétablit l'appel au peuple que Tarquin le
superbe avait aboli.

Ainsi, le passage de la royauté à la démocratie quoique rapide fut presque insensible pour la
multitude qui n'était véritablement déterminée que
par ce qui frappait ses yeux ; et c'est à la sage affec-
tation de conserver les apparences des lois anciennes, ou de ne les changer qu'avec une pru-
dente lenteur, et toujours en suivant les progrès
de l'esprit public, sans le devancer, et sur tout
sans le contraindre, que Rome dut sa force et son
enthousiasme pour la liberté, qui firent le désespoir de tous ses ennemis, et furent la cause de ses
conquêtes et de son immense aggrandissement.

Après la bataille d'Actium Auguste étant devenu
le seul maître, se garda bien d'affecter ni le ton,
ni les manières, ni le langage d'un despote. Il ne
parla du Sénat qu'avec dignité ; et il témoignait
un grand respect pour la République, tandis que
César disait hautement que ses paroles étaient des
lois, et que la République n'était rien. Auguste
tint une conduite toute opposée à la sienne. Il
refusa le nom de dictateur, que les proscriptions
de Marius et de Sylla, que le despotisme de César

avaient rendu odieux ; il se contenta de celui d'Empereur qui était celui sous lesquels les Consuls gouvernaient les provinces ; il ne s'occupa que d'établir le gouvernement le plus capable de plaire sans blesser ses intérêts ; l'ordre, que pour faire sentir le bonheur du gouvernement d'un seul ; et quoique le peuple romain lui eût déféré tous les pouvoirs par une loi solennelle, il ne voulut point ni choquer ses anciennes habitudes, ni changer ses usages, mais il les mina insensiblement : la sagesse de ce plan lui fit pardonner les moyens qu'il avait employés pour s'élever à la suprême puissance.

Cet exemple et plusieurs autres qu'il serait facile d'accumuler, furent inutiles et perdus pour ceux qui entreprirent en 1793 de donner à la France une nouvelle constitution. On ne pouvait les citer sans danger à ceux qui nous firent passer rapidement d'une monarchie absolue et tempérée à la démocratie la plus aveugle. En vain quelques bons esprits osèrent entreprendre de s'opposer au torrent des novateurs. La multitude déchaînée et poussée par les ennemis de la gloire du nom français, applaudissait à chaque innovation, à chaque bouleversement. Ainsi, elle appela le désordre, créa l'anarchie, et bientôt elle devint la victime de l'un et de l'autre.

Le Code de 1793 fut bientôt jugé et condamné. On entreprit de faire une nouvelle constitution, et l'on posa une fausse base.

On supposa que la France était une république démocratique, parce que le trône s'était écroulé et qu'elle avait été régie sous une forme populaire. Les auteurs de la Constitution ne voulurent

point ou n'osèrent point avouer que la terreur
avait arraché des consentemens, ou forcé au silence.
Ils proclamèrent que la République, telle qu'on
la voulait, avait existé, parce qu'ils n'avaient
point vu le peuple s'élever contre ce mode de
gouvernement. Ils créèrent donc des institutions
démocratiques.

Si la France avait été en paix avec ses voisins,
si la guerre civile n'avait point promené ses torches sanglantes sur la moitié de son territoire,
si chaque famille n'avait pas eu à pleurer une
victime de la terreur, si les sources de la fortune
particulière et de la prospérité publique n'avaient
point été taries, si les hommes qui se firent
porter aux premières places n'avaient point été
plus fameux par la tenacité de leurs opinions que
par leurs talens, peut-être la Constitution de
l'an III eût pu avoir une plus longue durée.
Mais dans la position de deux partis placés au
centre de la haine des vaincus, de l'arrogance
des vainqueurs, de la jalousie de tous ceux qui
voulaient lutter de puissance avec le Directoire,
de la crainte plus ou moins fondée de l'invasion,
même de l'usurpation du pouvoir que celui-ci
devait tenter, et de la forte résistance qu'il devait
éprouver, cette Constitution faisait entrevoir la
faiblesse et l'incohérence des élémens dont elle
était composée, montrait les nombreux défauts
et les vices mortels qu'elle renfermait dans son
sein. Privée de l'appui de l'opinion publique,
parce qu'elle ne s'occupait point du bonheur des
citoyens, elle ne pouvait résister à la plus légère
attaque : sa chûte devait être même plus prompte
et plus desirée, si des revers militaires, si le renouvellement des dissentions civiles, si des lois atroces

BULLETIN DES LOIS.

N.° 9.

(N.° 104.) *DÉCRET IMPÉRIAL contenant nomination de grands Officiers de l'Empire.*

Au palais de Saint-Cloud, le 17 Messidor an XII.

NAPOLÉON, EMPEREUR DES FRANÇAIS, NOMME grands officiers de l'Empire, avec les titres ci-après désignés,

MM.

Le vice-amiral *Bruix* inspecteur des côtes de l'Océan ;

Le vice-amiral *la Touche-Tréville* inspecteur des côtes de la Méditerranée ;

Le général *Songis* inspecteur général de l'artillerie ;

Le général *Marescot* inspecteur général du génie ;

Le général *Gouvion-Saint-Cyr* colonel général des cuirassiers ;

Le colonel *Beauharnais* colonel général des chasseurs ;

Le général *Baraguay - d'Hilliers* colonel général des dragons ;

Le général *Junot* colonel général des hussards.

Signé NAPOLÉON.

Par l'Empereur :

Le Secrétaire d'état, signé HUGUES B. MARET.

(N.° 105.) *DÉCRET IMPÉRIAL qui nomme M.* Regnaud de Saint-Jean-d'Angely *Procureur général de la Haute-Cour impériale.*

Au palais de Saint-Cloud, le 17 Messidor.

NAPOLÉON, EMPEREUR DES FRANÇAIS, NOMME procureur général de la haute-cour impériale M. *Regnaud de Saint-Jean-d'Angely*, conseiller d'état, président de la section de l'intérieur.

Signé NAPOLÉON.

Par l'Empereur :

Le Secrétaire d'état, signé HUGUES B. MARET.

(N.° 106.) *DÉCRET IMPÉRIAL sur la Prestation de serment et le Couronnement de l'Empereur.*

Au palais de Saint-Cloud, le 21 Messidor.

NAPOLÉON, par la grâce de Dieu et les constitutions de la République, EMPEREUR DES FRANÇAIS;

Le Conseil d'état entendu,

DÉCRÈTE ce qui suit :

SECTION I.re

De la Prestation de serment et du Couronnement.

ART. I.er La prestation de serment et le couronnement de l'Empereur auront lieu le 18 brumaire prochain.

2. Une proclamation annoncera cette solennité à tout l'Empire, et appellera ceux qui doivent y assister, aux termes du sénatus-consulte organique du 28 floréal dernier, à se rendre à Paris avant le 10 brumaire.

3. Il leur sera en outre adressé des lettres closes par sa Majesté.

4. Les fonctionnaires publics convoqués feront connaître leur arrivée au grand-maître des cérémonies, qui leur indiquera les lieux où ils devront se rendre pour la cérémonie.

5. La solennité de la prestation de serment et du couronnement aura lieu, en présence de l'impératrice, des princes, princesses, des grands dignitaires et de tous les fonctionnaires publics désignés au sénatus-consulte organique du 28 floréal, dans la chapelle des Invalides.

SECTION II.
De la Cérémonie qui aura lieu au Champ-de-Mars.

6. Après la solennité de la prestation de serment et du couronnement, sa Majesté l'Empereur se rendra au Champ-de-Mars.

7. Les gardes nationales de chaque département de l'Empire enverront à Paris un détachement de seize hommes avec un drapeau par détachement, dont moitié de fusiliers ou grenadiers, un quart de sous-officiers et un quart d'officiers.

8. Les arrondissemens maritimes, escadres, flottilles et vaisseaux armés de l'Empire, enverront cinquante détachemens de dix hommes avec un pavillon par détachement.

9. Chaque corps de troupe de l'armée et de toute arme enverra une députation de seize hommes, dont moitié de grenadiers, fusiliers, soldats, dragons, chasseurs ou cavaliers, un quart de sous-officiers, un quart d'officiers, avec le drapeau, étendard ou guidon.

10. L'article précédent est applicable aux régimens d'artillerie de la marine.

11. L'arme du génie enverra trois députations de seize hommes chacune.

6.   I 2

12. Les vingt-six légions de la gendarmerie enverront chacune une députation de quatre hommes et un guidon.

13. Les invalides de l'hôtel de Paris et ceux des succursales de Louvain et Avignon enverront trois députations, dont la composition sera réglée par une instruction du ministre de la guerre.

14. Toutes ces députations prêteront successivement serment de fidélité et obéissance à sa Majesté l'Empereur.

15. Les députations des gardes nationales, celles des arrondissemens maritimes, et celles des corps ayant des drapeaux, guidons ou étendards, recevront ensuite de sa Majesté, pour leurs départemens ou régimens, un drapeau par département, un pavillon par détachement de la marine, et un drapeau, guidon ou étendard par bataillon ou escadron.

16. Les drapeaux des départemens resteront au chef-lieu, à l'hôtel de la préfecture, sous la garde déjà réglée pour les préfets.

Ils n'en sortiront que portés par un officier nommé par l'Empereur ; ils seront déployés et montrés au peuple dans toutes les solennités.

17. Les pavillons seront répartis entre les arrondissemens maritimes, selon qu'il sera réglé, et déposés à l'hôtel de la marine, sous une garde d'honneur, aux chefs-lieux des sept arrondissemens, y compris Anvers, pour être confiés aux escadres, armées navales, flottilles ou autres armemens et expéditions, selon les ordres de l'Empereur. Au débarquement, ces pavillons seront rapportés à l'hôtel de la marine, où ils seront gardés dans la salle du conseil jusqu'à un nouvel armement.

18. Les drapeaux, étendards et guidons des corps, seront remis à chaque bataillon ou escadron. Ceux qui, par les événemens de la guerre, viendront à les perdre, n'en recevront de pareils que par une décision directe de sa Majesté,

rendue après qu'il aura été reconnu qu'ils n'ont pas été perdus par la faute du régiment. Les corps qui les auraient perdus par leur faute, n'en recevraient point d'autres de l'Empereur.

SECTION III.

Dispositions générales.

19. Tout ce qui est relatif aux cérémonies et aux fêtes du jour du couronnement, sera ultérieurement réglé.

20. Les ministres sont chargés, chacun en ce qui le concerne, de l'exécution du présent décret, qui sera inséré au Bulletin des lois.

Signé NAPOLÉON.

Par l'Empereur :

Le Secrétaire d'état, signé HUGUES B. MARET.

(N.° 107.) *DÉCRET IMPÉRIAL sur la Décoration des membres de la Légion d'honneur.*

Au palais de Saint-Cloud, le 22 Messidor.

NAPOLÉON, EMPEREUR DES FRANÇAIS, DÉCRÈTE ce qui suit :

ART. 1.er La décoration des membres de la légion d'honneur consistera dans une étoile à cinq rayons doubles.

2. Le centre de l'étoile, entouré d'une couronne de chêne et de laurier, présentera d'un côté la tête de l'Empereur avec cette légende, *Napoléon, Empereur des Français ;* et de l'autre, l'aigle français tenant la foudre, avec cette légende, *Honneur et Patrie.*

3. La décoration sera émaillée de blanc.

(138)

Elle sera en or pour les grands officiers, les commandans et les officiers, et en argent pour les légionnaires; on la portera à une des boutonnières de l'habit, et attachée à un ruban moiré rouge.

4. Tous les membres de la légion d'honneur porteront toujours leur décoration.

L'Empereur seul portera indistinctement l'une ou l'autre décoration.

5. Les grands officiers, commandans, officiers et légionnaires, recevront leur décoration en même temps que leur diplome, dans les séances extraordinaires déterminées par les articles 7 et 17 de l'arrêté du 13 messidor an X.

Ils la porteront néanmoins sans attendre une de ces séances, lorsque le grand chancelier l'aura adressée pour eux, et d'après un ordre particulier de sa Majesté impériale, au chef de la cohorte, ou à un autre grand officier, commandant ou officier, délégué à cet effet par ordre de l'Empereur.

6. Toutes les fois que le grand officier, le commandant, l'officier ou le légionnaire pour lequel cette délégation aura lieu, appartiendra à un corps civil ou militaire, la décoration lui sera remise, au nom de l'Empereur, en présence du corps assemblé.

Signé NAPOLÉON.

Par l'Empereur :

Le Secrétaire d'état, signé HUGUES B. MARET.

(N.º 108.) *EXTRAIT DU DÉCRET IMPÉRIAL sur les Costumes, concernant le costume des Ministres.*

Du 29 Messidor.

NAPOLÉON, EMPEREUR DES FRANÇAIS;
Le Conseil d'état entendu,

DÉCRÈTE:

LES ministres porteront leur costume ordinaire, lequel pourra être boutonné et presque fermé par-devant, en soie, velours ou drap, avec l'écharpe blanche, à laquelle l'épée sera suspendue; un manteau de la couleur de l'habit et de la même longueur, avec revers et collet de drap d'argent;

Chapeau relevé par-devant, orné de plumes blanches flottantes; cravate de dentelle;

Les cheveux ronds ou longs, et, en ce dernier cas, frisés au bout et rattachés au milieu par un simple ruban noir.

Pour extrait conforme :

Le Secrétaire d'état, signé HUGUES B. MARET.

(N.º 109.) *EXTRAIT DU DÉCRET IMPÉRIAL sur les Costumes, concernant le costume des membres des Cours de justice.*

Du 29 Messidor.

NAPOLÉON, EMPEREUR DES FRANÇAIS;
Le Conseil d'état entendu,

DÉCRÈTE:

LES membres des cours de justice auront leur costume

ordinaire : seulement les premiers présidens et procureurs généraux auront le revers de la robe doublé d'une fourrure blanche; et ceux du tribunal de cassation, une épitoge pareille.

Pour extrait conforme :

Le Secrétaire d'état, signé HUGUES B. MARET.

Certifié conforme:

Le Grand-Juge Ministre de la justice,

REGNIER.

ou sanguinaires souillaient les pages de l'histoire de sa courte existence.

Aussi un cri improbateur se fit universellement entendre, et le 18 brumaire vit écrouler ce colosse aux pieds d'argile.

Il eût été imprudent à cette époque de rétablir la forme et le nom du gouvernement qui existait en 1791 : mais la triste expérience que la France venait de faire, devait inspirer de nouvelles idées, créer un plan mieux conçu, un gouvernement plus fort, et le débarrasser de cette complication de rouages, preuve certaine de l'inexpérience de leurs auteurs.

Au lieu de confier le gouvernement à cinq personnes, on n'établit que trois Consuls.

Au lieu d'accorder une égalité de pouvoir à chacun des trois, on en déféra un plus étendu au premier : lui seul nommait les Ministres, tous les agens de l'autorité publique, les magistrats civils, les membres des tribunaux ; il conférait tous les grades militaires ; il signait seul les traités avec les puissances étrangères ; enfin, c'était à lui seul qu'était confié l'exercice de la puissance suprême. Son avis prévalait toujours sur ceux de ses collègues. Ils n'étaient véritablement que son conseil privé : ils avaient, il est vrai, le droit de consigner dans le registre des délibérations leur opinion, même leur opposition. Mais cette démarche, cette manifestation ne pouvait arrêter l'exécution des mesures adoptées par le premier Consul.

Ce pouvoir parut extraordinaire. On avait tant parlé des abus et des vices du gouvernement d'un seul, on avait tant fasciné et trompé la multitude, qu'on l'avait forcée à croire que sous le gouvernement d'un seul elle serait nécessairement esclave. Il fallait donc dessiller peu-à-peu les yeux, et les accoutumer, par l'usage d'une lumière douce, aux effets d'une grande clarté. Mais il était une autre circonstance aussi favorable aux nouvelles institutions.

Bonaparte, que sa fortune avait ramené d'Égypte couvert de gloire, inspirait et commandait une grande confiance, je dirai même la sécurité. Le peuple français se jeta dans ses bras, et il ne trompa jamais ses espérances. Ainsi le nom d'un homme accoutumé à vaincre, dont l'histoire militaire ferait la réputation de plusieurs grands capitaines, qui avait développé et prouve de grands talens administratifs pendant le cours de ses conquêtes, soit en Italie, soit en Égypte, le nom seul de cet homme contint les malveillans.

La Constitution de l'an VIII présentait une innovation peut-être plus considérable et dont la sagesse devait nécessairement influer sur la prospérité publique, et ôter à notre législation ce caractère de précipitation et souvent d'intempestivité aussi funeste qu'alarmant.

L'Assemblée constituante, et après elle toutes les législatures qui l'avaient suivie, s'étaient donné le droit de proposer seules et de faire des lois.

Ce droit est un véritable renversement des principes.

Le Gouvernement étant placé au centre de tous les pouvoirs, il se trouve, à cause de l'exécution des lois qui lui est confiée, plus à porté de connaître les bons ou mauvais effets, les abus ou les défauts. Il est le seul qui puisse les exposer avec plus de clarté et de vérité. Ses rapports journaliers avec tous les agens de l'autorité publique lui font même appercevoir les causes qui nuisent à l'ensemble, la nature des remèdes que l'on peut ou que l'on doit y appliquer. Il doit savoir si l'inexécution des lois dépend ou d'une résistance coupable, ou momentanée ou absolue, ou d'une difficulté locale ou volontaire, ou du vice de rédaction de la loi elle-même.

C'est par une série de faits, de réflexions et de méditations que le Gouvernement découvre les besoins et les remèdes. Mais dans une assemblée dans laquelle chaque membre a le droit de proposer une opinion, d'exciter l'enthousiasme, de faire adopter par acclamation toutes les mesures, toutes les lois qu'il voudra ; dans une assemblée composée d'hommes étrangers les uns aux autres, qui conservent par intérêt ou par reconnaissance l'attachement pour le pays qui les a vu naître, ou qui leur a confié le droit de le représenter ; qui n'ont et ne peuvent avoir toutes les connaissances acquises dans un administrateur ; qui n'étant pas responsables de l'exécution s'occupent fort peu des moyens de la rendre prompte et infaillible ; dans une assemble, dis-je, investie d'un pareil droit, il ne peut régner que précipitation, confusion et désordre. Les lois les plus incohérentes, les plus absurdes doivent y être adoptées par acclamation et sans discussion, tandis que celles qui ont été le fruit des plus lentes méditations, dont la conception et la rédaction ont coûté plus de temps, ont exigé plus de connaissances, y sont sujettes à un examen pareil et minutieux, et sont souvent exposées ou à un rejet absolu, ou à des modifications qui en altèrent l'esprit.

L'histoire de nos assemblées législatives offrait
ces exemples si frappans de cet abus et de ce
danger que les auteurs de la Constitution de
l'an VIII se hâtèrent de poser pour principe, et
comme gage de la solidarité du pacte; que le
Corps législatif ne pourrait délibérer sur aucun
projet de loi qui ne lui serait point présenté par
le gouvernement.

Mais les membres qui délibèrent sur la proposition d'une loi doivent-ils se livrer à des discussions oratoires ? Non sans doute, la délibération
doit être calme, chacun doit y porter ses lumières
et sa raison. Ils sont juges, et sous ce rapport ils
ne peuvent énoncer ni émettre leur opinion qu'au
moment même où ils sont consultés. Un Corps
législatif doit délibérer avec cette dignité et cette
majesté grave qui deviennent les garans de la
sagesse et de la maturité de son avis. Aussi toute
discussion fut et demeura interdite à ses membres.

Cependant une loi, malgré la pureté et la
droiture des intentions et des vues du Gouvernement, peut renfermer des points vicieux
ou défectueux. Il fallait qu'on pût les chercher,
les découvrir et les présenter; il fallait constituer
un corps protecteur des droits du peuple : on
en trouva les élémens dans les fonctions des Tribuns à Rome, et le Tribunat fut créé, non avec
l'autorité et les pouvoirs de ceux de cette République, mais avec des attributions qui caractérisent davantage les services qu'on en attendait.

C'est donc au Tribunat que fut déféré ce droit
de discuter les projets de loi, d'en voter l'adoption
ou le rejet, et de se rendre dans le sein du Corps

législatif pour y développer les motifs de sa délibération. Mais l'éloquence des Tribuns, des raisons
spécieuses, un desir de se montrer populaires, ou
de former une opposition, auraient pu influencer,
entraîner ou déterminer la conduite du Tribunat,
et porter au Corps législatif une prévention funeste;
ce fut pour prévenir ce danger que le Gouvernement fut investi du droit d'envoyer jusques à trois
orateurs à-la-fois pour y soutenir et défendre le
projet de loi.

Depuis dix ans le peuple français avait vu se
succéder plusieurs formes de Gouvernement, ils
avaient tous disparu. Il fallait donc lui donner une
garantie de la stabilité des bases de celui qu'on lui
présentait. On créa un Sénat, conservateur de la
constitution, auquel on donna l'auguste fonction
de maintenir les droits du peuple, et de s'opposer
à la publication des lois inconstitutionnelles; et
comme il devait maintenir la règle, ses membres
furent nommés pour la vie.

Montesquieu a établi en principe l'excellence
des fonctions à vie : ceux qui avaient encore
présens à leur mémoire tous les actes du Sénat
de Rome et de Carthage qui ont préparé, pré-
cipité et consommé la ruine de ces Républiques,
ont critiqué le principe de l'auteur de l'*Esprit
des Lois* et l'adoption qu'on en faisait en France.
Ils étayaient leur opinion de celle des États-Unis,
qui ont voulu que les membres du Sénat fussent
temporaires.

Mais le Sénat de France n'a rien de commun
que le nom avec ceux d'Athènes, de Sparte, de
Carthage et de Rome, avec ceux de la Russie, de
la Suède, des États-Unis et de Gênes, qui existent

encore, avec ceux de Berne et de Venise, qui
n'existent plus. Il ne délibère point sur les actes
administratifs ; il ne concourt point à la formation des lois ; il n'est ni le grand conseil ni le
conseil privé de l'Empereur. Ainsi il ne peut être
dangereux, et il ne peut inspirer aucune crainte
au Gouvernement qu'il garantit contre les projets
des ambitieux, ni au peuple qu'il protège contre
les tentatives du Gouvernement.

Les idées les plus saines, les principes les plus
vrais avaient été attaqués avec tant d'acharnement
et d'audace, les factions étaient encore si animées
les unes contre les autres, qu'il était très-prudent
de borner les heureuses innovations qu'on venait
d'effectuer.

Cette sagesse était le triomphe des bons esprits ;
et tous ceux qui desiraient ardemment le bonheur
de leur patrie, faisaient des vœux sincères pour
voir effacer peu-à-peu de notre pacte social tout
ce qui pouvait produire l'incertitude pour l'avenir
et l'instabilité pour le présent. Il fallait conquérir
l'opinion publique, et ce succès ne pouvait être
que le fruit de la prospérité de la Nation. Après
de nombreuses et irréparables défaites, l'Autriche
signe la paix à Lunéville. L'Angleterre, réduite
à ses seules forces, est forcée de l'accepter à
Amiens. La guerre civile avait été appaisée, les
haines assoupies. Le pardon avait été accordé aux
émigrés ; la religion avait vu relever ses autels
abattus et profanés ; le commerce et l'industrie
reprenaient leur activité. Le premier Consul avait
porté dans toutes les parties de l'administration
l'esprit d'ordre et d'activité, signes certains d'un
bon gouvernement. Des canaux étaient creusés,
des routes nouvelles étaient tracées, les anciennes

réparées ; les anciennes manufactures reprenaient leur activité, de nouvelles s'établissaient avec succès ; la félicité publique était son ouvrage; et le Tribunat, profitant de l'initiative que lui accorde la Constitution, plein de reconnaissance pour tant et de si grands bienfaits, émit le vœu qu'il fût donné au premier Consul une preuve éclatante de la confiance qu'il avait obtenue.

Ce vœu était déjà dans tous les cœurs, et le Sénat conservateur réélut le premier Consul pour dix années. Mais le Sénat laissa voir que quelque flatteuse que dût paraître cette nomination, il eût desiré pouvoir davantage, et la conférer pour la vie entière de celui que chacun desirait être immortel.

Cette sage prudence du Sénat, cet hommage rendu au peuple furent regardés par le peuple lui-même comme un retard des honneurs et de l'autorité dont il voulait que le premier Consul fût investi; et il répondit à l'appel que firent les Consuls des suffrages de la Nation, avec un enthousiasme qu'il n'avait point fait éclater encore. Aussi NAPOLÉON BONAPARTE fut nommé par le peuple premier Consul pour la vie (1), et le Sénat le proclama par son Sénatus-Consulte du 14 thermidor an X.

Cette nomination était déjà une amélioration sensible dans le pacte social. Le changement

---

(1) Le nombre des votans fut de 3,577,257. 3,568,885 citoyens votèrent pour le consulat à vie. (Sénatus-consulte du 14 thermidor an X.) Jamais à aucune époque de la Constitution on ne parvint à réunir un si grand nombre de suffrages.

périodique du premier magistrat, laissait la carrière trop ouverte à toutes les ambitions ; elles
se lassent ou s'usent, lorsque pour éclater elles
doivent attendre la mort de celui qu'on brûle de
remplacer.

L'état politique de la Nation, la gloire dont
elle était rayonnante, le desir de la fixer dans le
rang que tous ses succès dans tous les genres, lui
avaient obtenu, le développement de l'esprit public
et l'attachement aux institutions existantes, exi-
geaient de nouveaux changemens. Il convenait que
chaque corps constitué acquît plus de dignité et de
majesté ; que ses attributions fussent en harmonie
avec le but qu'on s'était proposé : il était sur-tout
temps de faire disparaître cette contrainte dans
laquelle on s'était renfermé, et cette défiance
qu'on n'avait laissé apercevoir que parce qu'on
ne voulut point, en l'an VIII, attaquer, combattre
et anéantir des erreurs trop fortement enracinées.
Le Sénat conservateur profita de ces élans de la
joie universelle, de ces transports d'une reconnaissance profondément sentie et méritée, pour
adopter les changemens qu'il crut alors les seuls
qu'il pouvait proclamer.

Aussi par son Sénatus-Consulte du 16 thermidor
an X, trois Consuls furent nommés à vie. Telle
devait être la récompense due *aux talens distin-*
gués et à la sagesse des conseils des Consuls *Cam-*
bacérés et *Lebrun* (1).

_____

(1) Lettre de l'Empereur aux citoyens Cambacérés et
Lebrun, du 28 floréal an XII.

Le

Le Premier Consul fut investi du pouvoir de nommer son successeur, ou de le désigner , ainsi que les successeurs des deux autres Consuls.

Pour déjouer les projets des ennemis de l'ordre, les deux Consuls obtinrent le droit de présenter chacun un sujet au Sénat conservateur, dans le cas où le Premier Consul n'eût point nommé son successeur , ou que le Sénat n'eût point nommé celui qui avait été désigné. Dans le cas de non nomination sur la liste des premiers candidats, on en devait présenter deux autres ; et enfin le Sénat était obligé de fixer son choix sur une troisième et dernière présentation. Mais afin que l'intrigue n'eût point le temps de faire mouvoir ses ressorts, d'empêcher l'influence des puissances étrangères , toutes les présentations et nominations devaient être faites dans les vingt-quatre heures du décès du Premier Consul.

Le Sénat conservateur fut plus intimement associé à la gloire du Gouvernement. Il reçut plus d'éclat et de majesté ; il secoua les entraves qu'on lui avait imposées. Il avait été isolé , ses membres déclarés inéligibles à toute fonction publique. Le Premier Consul, et en son absence et d'après son ordre formel les deux Consuls furent déclarés présidens du Sénat. Les Sénateurs furent déclarés susceptibles d'être appelés aux places de Consuls, de Ministres, de Membres de la Légion d'honneur, d'Inspecteurs de l'Instruction publique, et de remplir des missions extraordinaires ou temporaires.

On porta un œil attentif sur toutes les parties, et par-tout on reconnait l'empreinte d'un génie bienfaisant.

Code impérial. 2

Parmi le grand nombre d'améliorations que fit le Sénat conservateur, il en est une bien frappante et qui prouve elle seule le retour aux principes. Je veux parler du droit de grâce.

L'assemblée constituante rétablit en France l'institution du jury que les Romains avaient créée, que nous avions adoptée pendant un temps, qu'on négligea et abandonna dans des temps d'ignorance ; c'est peut-être la seule institution que les Anglais aient voulu emprunter de la République romaine.

Le Code des délits et des peines, publié en 1791, contient une classification minutieuse des uns et des autres. L'Assemblée constituante avait pensé qu'avec un jury et un tableau de peines proportionnelles, il était inutile et même dangereux d'accorder au Roi le droit de faire grâce. Elle avait cru remplir cette effrayante lacune, en permettant aux jurés de prononcer sur l'intention de l'accusé. Cette Assemblée si célèbre par les talens de la majorité de ses membres, se laissa entraîner par une poignée d'audacieux, et fut constamment asservie aux volontés capricieuses de ceux qui osaient se dire les organes et les interprètes de la volonté du peuple.

On avança et l'on soutint que les Rois n'avaient jamais fait usage de ce droit que pour sauver des coupables titrés ; que l'accès du trône avait toujours été fermé aux plébéiens obscurs ; et après cet exposé perfide et mensonger, on ajouta que, puisque la loi était égale pour tous, soit qu'elle punît, soit qu'elle récompensât, il ne fallait pas laisser au coupable en crédit l'espérance d'échapper au supplice, tandis que son complice marcherait seul à l'échafaud.

Depuis l'abolition de la royauté, on n'avait osé conférer ce droit à aucun pouvoir constitué, et cependant les tribunaux en sentaient la nécessité, et en réclamaient le renouvellement.

Ainsi le premier Consul fut investi du droit si doux d'arracher à la mort ou à l'ignominie l'être faible, trompé, séduit ou égaré, celui qui, s'abandonnant trop facilement à l'orage des passions, s'est livré à toute la fougue de son ressentiment.

La France entière applaudit à cette nouvelle preuve de confiance : elle bénit un pouvoir dont elle l'a vu faire depuis un si noble et si touchant usage.

Ainsi disparaissaient peu-à-peu et sans secousse, sans inspirer une seule alarme, toutes les taches que l'esprit de parti avait forcé de laisser subsister dans le pacte social. Le Corps législatif, le Tribunat acquirent une constitution plus ferme ; le Conseil d'État lui-même obtint plus d'éclat; l'importance, le nombre et l'utilité de ses travaux lui méritaient cette nouvelle marque de la confiance du premier Consul.

Le Sénat ne s'était point borné à donner à la Nation française, dont il était l'interprète, des gages du vif et constant intérêt qu'il prenait à sa félicité. Il donna aux puissances étrangères une nouvelle preuve de son désir de conserver pour elles tous les égards, toutes les bienséances que chaque chef d'une Nation a le droit d'attendre des autres.

Par la Constitution de 1791, et toutes celles qui l'avaient suivie, les traités de paix, d'alliance ou de commerce devaient être soumis à la sanction du Corps législatif.

Cet usage adopté et suivi en Angleterre, est sujet à une foule d'inconvéniens. Un des plus frappans résulte des Discours des orateurs qui se livrent avec une passion, au moins inconsidérée, à des satires indignes de la majesté d'une grande Assemblée, et qui offensent ceux qui en sont l'objet.

La France avait eu à rougir de l'éloquence indiscrette de quelques membres des Corps législatifs. La pacification entre les Gouvernemens doit éteindre ou du moins assoupir toutes les haines, et faire renaître tous les sentimens de bienveillance que les Nations méritent.

D'ailleurs, le Gouvernement qui a préparé, dirigé et suivi les négociations, qui doit même connaître s'il a obtenu tout ce qu'il pouvait raisonnablement desirer; le Gouvernement qui connaît l'esprit public, ses ressources, ses moyens, ceux de son ennemi, l'esprit qui anime les cabinets amis ou alliés; le Gouvernement peut-il divulguer un secret qui fait sa force? S'il se tait, on ne connaît point le but qu'il a atteint; s'il parle, il perd tous ses avantages et toute sa considération.

La défiance trouble le bonheur des particuliers; mais elle est la source et la cause de plus grands maux, quand elle s'empare des autorités.

Ainsi, il était de la dignité de la Nation française que le premier Consul eût le droit de ratifier les traités de paix, d'alliance et de commerce, et de s'en rapporter à la sagesse de ses vues et aux lumières du conseil privé qu'il devait former.

C'était placer les relations diplomatiques à la hauteur réelle où elles doivent être pour leur imprimer plus de force et de respect.

Le Sénatus-Consulte du 16 thermidor an X,
avait calmé beaucoup d'inquiétudes. Le Gouvernement reposait sur des fondemens durables. Tout
changement devenait presque impossible. L'âge
du premier Consul promettait une longue suite
d'années. Son desir bien connu d'assurer et d'affermir le bonheur de la France, garantissait la
bonté du choix du successeur qu'il voudrait se
désigner, lorsque le complot conçu, dirigé et
payé par l'Angleterre de faire assassiner le premier
Consul, vint renouveler toutes les alarmes, justi-
fier toutes les craintes, et laissa apercevoir qu'il
y avait un vice radical dans notre Constitution.
On s'aperçut alors, et l'on dit que tout pacte social
dont la durée pouvait dépendre de la vie d'un
seul homme, était essentiellement mauvais; qu'il
était nécessaire de fixer le sort et la félicité de la
Nation française sur une base immuable et à l'abri
de toutes les convulsions politiques.

Les écrivains anglais eux-mêmes osèrent, dans
leurs feuilles incendiaires, nous railler sur les
alarmes de toute la Nation, fortement expri-
mées dans les adresses que toutes les autorités
envoyèrent au premier Consul. Ils se moquaient
de la force et de la puissance d'un état, dont le
sort dépendait de la vie ou de la mort de son
premier magistrat. Ils disaient hautement que l'incertitude sur le citoyen que les suffrages du Sénat
appelleraient à cette dignité, devait nous laisser
toujours en état de révolution; et ils concluaient
que cet état devait rendre la France redoutable et
dangereuse, et qu'il était de l'intérêt de toutes les
puissances de détruire notre pacte, et de nous
rendre le gouvernement royal et la famille qui
l'avait exercé pendant tant de siècles.

Les conseils d'un ennemi peuvent quelquefois
être utiles. Les sucs les plus vénéneux produisent
souvent des remèdes réparateurs ou conservateurs
de la vie. Quelques voix se firent entendre. Le
Sénat lui-même, dans son arrêté du 6 germinal
an X, exprima son désir et son vœu de rassurer
les citoyens et les puissances amies ou alliées.
Transcrivons quelques phrases de cet article.

« Vous pouvez enchaîner le temps, maîtriser
» les événemens, désarmer les ambitieux, tran-
» quilliser la France entière en lui donnant des
» institutions qui cimentent votre édifice et pro-
» longent pour les enfans ce que vous fîtes pour
» les pères. Citoyen premier Consul, soyez bien
» assuré que le Sénat vous parle au nom de tous
» les citoyens. Tous vous admirent et vous aiment;
» mais il n'en est aucun qui ne songe souvent,
» avec anxiété, à ce que deviendrait le vaisseau
» de l'état, s'il avait le malheur de perdre son
» pilote avant d'avoir été fixé sur des ancres iné-
» branlables. Dans les villes, dans les campagnes,
» si vous pouviez interroger tous les Français, l'un
» après l'autre, il n'y en a aucun qui ne vous dît,
» ainsi que nous : *Grand homme, achevez votre*
» *ouvrage, en le rendant immortel, comme*
» *votre gloire : vous nous avez tirés du cahos*
» *du passé, vous nous faites bénir les bienfaits*
» *du présent, garantissez-nous l'avenir.*

» Dans les cours étrangères, la saine politique
» vous tiendrait le même langage. Le repos de la
» France est le gage assuré de celui de l'Europe. »

Ce langage si touchant n'avait pu vaincre les
vertueux scrupules et les modestes réserves du
premier Consul. Il condamna au secret le vœu
et le désir du Sénat. Mais bientôt une opinion

fortement prononcée s'annonce. Le Tribun *Curée* dépose, le 3 floréal an XII, au secrétariat du Tribunat, une motion d'ordre, par laquelle il demandait que le Gouvernement de la République fût confié à un Empereur, que l'Empire fût héréditaire dans la famille de NAPOLÉON BONAPARTE.

Cette démarche eut l'avantage de hâter la décision du premier Consul. Il voulut connaître la pensée du Sénat; et cet auguste Corps, par sa réponse du 14 du même mois, manifesta son vœu solennel, et proposa ses vues pour l'amélioration et la perfection du pacte social.

Le Tribunat qui, par la nature de son institution et de ses fonctions, avait le droit de prendre l'initiative, discuta solennellement et publiquement la proposition du Tribun *Curée*.

Le besoin et la nécessité d'un pareil Gouvernement furent démontrés. C'est pendant le cours de cette discussion que l'on s'aperçut enfin du retour des bons esprits aux idées saines et libérales, aux véritables principes de la théorie d'un bon Gouvernement. Chaque Tribun développa son opinion avec justesse, clarté et précision; et les Discours prononcés à cette époque mémorable, sont un cours complet sur cette importante matière. Tous abjurèrent les erreurs de la révolution, les principes désorganisateurs qu'elle avait adoptés.

A peine ce vœu fut connu que tous les corps administratifs et judiciaires s'empressèrent de manifester leur adhésion. Les corps militaires signèrent et votèrent des adresses brûlantes du désir de voir NAPOLÉON revêtu de la pourpre impériale; enfin, le premier Consul fut contraint de céder à ce torrent de l'opinion publique, et le Sénat conservateur lui déféra, le 25 floréal, le titre d'EMPEREUR DES FRANÇAIS.

Le peuple français avait obtenu et a conservé la séparation des pouvoirs exécutif, législatif et judiciaire; il a également obtenu, qu'aucun impôt ne sera levé sans une loi positive ; que la perception n'en sera que temporaire.

En laissant au pouvoir impérial le droit de lever des armées, d'équiper des flottes, de faire la guerre, il ne peut rien entreprendre contre la liberté publique, puisqu'il ne peut les solder et les entretenir sans le secours des impôts. Il peut conférer des dignités, donner des places, nommer à des emplois; mais il ne peut leur donner des appointemens ou des traitemens sans le consentement du Corps législatif. Enfin, le pouvoir impérial n'ayant pas besoin de lever des impôts, il a besoin de la force d'une autre puissance pour se mouvoir et pour agir dans les grandes opérations.

La Nation a des Représentans qui sont chargés de parler en son nom, et de stipuler ses intérêts et d'empêcher qu'on ne l'opprime. Ainsi la France ne craint pas de tomber sous un joug despotique ni sous l'autorité d'un monarque absolu. Dans un état despotique, la Nation ne peut se faire entendre ; elle n'est point représentée ; elle n'est rien, son chef est tout : sa volonté, même son caprice font la loi : elle n'a plus à redouter les entreprises d'un monarque absolu, qui seul représentant de la Nation, jouit de son consentement, ou s'arroge par la force le droit de parler au nom de tous, et de faire des lois.

Ainsi les crimes et les fureurs de la démocratie ont ramené le retour à cet état de splendeur et de gloire, autrefois notre orgueil, et toujours l'objet de la jalousie, même de l'envie de nos ennemis.

L'Empire français a ce degré de perfectionnement politique, que l'Empereur n'est dépositaire que du pouvoir exécutif, et que la Nation a confié à d'autres Représentans la puissance législatrice. La souveraineté réside dans le peuple. Il exerce la portion de cette souveraineté qu'il s'est réservée, et la seule qui lui soit nécessaire pour le maintien de sa liberté et de ses droits directement dans les assemblées de canton, indirectement dans les colléges électoraux. Il a placé sa garantie dans le Corps législatif, qui peut refuser les impôts et paralyser ainsi tous les actes arbitraires du Gouvernement. Il l'a trouvé dans le Sénat qui est le seul juge des atteintes portées à la liberté personnelle, ou à celle de la presse. Ainsi il jouit de sa liberté et de l'égalité des droits civils et politiques.

Cette égalité de droits consacrés par tous les actes a reçu une exécution bien frappante, et qui devait enfin convaincre les plus incrédules, que ce vœu le plus ardent était enfin accompli.

La Constitution de l'an VIII avait ordonné qu'il serait décerné des récompenses aux citoyens qui auraient rendu des services importans. Cette promesse a été réalisée. La Légion d'honneur a été créée.

C'est une carrière ouverte à tout le monde, à tous les genres de services, de talens ou de gloire. Cette heureuse confusion ou plutôt cette simple aggrégation de citoyens qui se sont illustrés par les armes, les sciences, les arts ou les talens,

fut reçue avec un saint enthousiasme. Ainsi que
sur le Mont-Parnasse, toutes les Muses sont assises
au premier rang autour d'Apollon, chacun n'est
que simple légionaire autour de l'Empereur, qui
en est toujours le chef.

Quelques esprits chagrins et attrabilaires fron-
dèrent cette institution par les élémens même
dont elle était composée. Les uns ne voulurent
y voir que l'origine d'une nouvelle noblesse, et les
autres la création d'une caste privilégiée.

Aux premiers, on peut répondre que ce n'est
point la noblesse elle-même qui est vicieuse, mais
la féodalité qui en a été la source ou l'appui ;
que c'est l'hérédité de la noblesse qui est dangereuse. Mais dans un état où chacun est le fils
de ses œuvres et de ses mérites ; où tous les
citoyens sont égaux entre eux ; où chacun pour
parvenir est obligé de travailler suivant ses talens ;
où il peut se vouer à l'art, à la science, au mérite vers lesquels son goût le porte ou l'entraîne ;
où son inhabileté et son inconduite seules peuvent
s'opposer à son élévation, à son avancement ;
où sa naissance n'est ni un titre nécessaire ni un
obstacle invincible ; dans un pareil état, les récompenses, les distinctions dispensées aux services,
aux talens, ne peuvent et ne doivent inspirer
aucunes alarmes.

Quant à ceux qui ne voulurent y voir qu'une
caste privilégiée, il sont malades ou de mauvaise
foi, et nous n'entreprendrons pas de guérir les
premiers ou d'argumenter contre les seconds.

Cette noble institution vient de recevoir le
complément de son éclat et de sa dignité, par le
signe extérieur qui fait connaître chacun de ses
membres.

A Rome, tous ceux qui avaient obtenu des couronnes les portaient dans les assemblées et dans les fêtes publiques. Ainsi ils recevaient à chaque moment les marques d'estime et d'admiration, de reconnaissance et de respect de leurs concitoyens. Ils devenaient une leçon parlante d'encouragement ; et les honneurs qu'on leur prodiguait étaient la source de l'héroïsme qui se perpétuait.

L'Empereur a reconnu la nécessité d'accorder cette distinction essentielle, et rien ne manque à la splendeur de cette institution, qui n'a point eu de modèle, et que nul gouvernement n'oserait adopter, parce que dans aucun les citoyens ne jouissent de cette égalité qui en fait la base et qui en est l'essence.

Il est indispensable pour tous les Français de bien entendre le pacte social qui nous lie.

C'est dans cette vue que M. *Rondonneau*, propriétaire du *Dépôt des Lois*, établissement dont l'objet principal est de concourir avec le Gouvernement à propager la connaissance des Lois, à en faciliter l'étude, s'est empressé de donner au public, sous le titre de *Code Impérial des Français*, un Recueil uniquement consacré à faire connaître les droits dont la Nation s'est réservée l'exercice, ceux de l'Empereur, du Sénat, du Corps législatif, du Tribunat et du Conseil d'État ; ceux des princes français, des titulaires des grandes dignités, des grands officiers de l'Empire ; les attributions des ministres, des corps administratifs ou judiciaires ; enfin, la composition, les droits et les devoirs des membres de la légion d'honneur.

Ainsi chaque Français trouvera dans cet ouvrage ce qui doit l'intéresser le plus vivement. Toute la Constitution sous l'empire de laquelle il a le bonheur de vivre, celle qui doit faire sa gloire et son orgueil, la seule qui convienne à son caractère aimant, à ses mœurs, à l'étendue de son territoire, à sa nombreuse population, à son génie vaste, profond et créateur, à son industrie que son goût anime et vivifie, à son commerce que son ardeur porte dans les quatre parties du monde, qui place son chef l'égal de ceux des Nations les plus puissantes. Nous sommes convaincus qu'après l'avoir lu et bien médité, chacun sera persuadé que le plus beau titre qu'il puisse se donner est celui-ci : *Je suis Français.*

Fin du Discours.

CODE IMPÉRIAL

DES FRANÇAIS.

SÉNATUS-CONSULTE ORGANIQUE.

Du 28 Floréal an XII.

NAPOLÉON, par la grâce de Dieu et par les constitutions de la République, EMPEREUR DES FRANÇAIS, à tous présens et à venir, SALUT :

Le Sénat, après avoir entendu les orateurs du Conseil d'Etat, a décrété et nous ORDONNONS ce qui suit :

EXTRAIT des registres du Sénat conservateur du 28 Floréal an XII.

LE SÉNAT CONSERVATEUR, réuni au nombre de membres prescrit par l'article 90 de la Constitution ; vu le projet de sénatus-consulte rédigé en la forme prescrite par l'article 57 du sénatus - consulte organique en date du 16 thermidor an X ;

Après avoir entendu , sur les motifs dudit projet, les orateurs du Gouvernement, et le rapport de sa commission spéciale nommée dans la séance du 26 de ce mois ;

L'adoption ayant été délibérée au nombre de voix prescrit par l'article 56 du sénatus-consulte organique, du 16 thermidor an X.

DÉCRÈTE ce qui suit :

TITRE PREMIER.

ARTICLE PREMIER.

LE GOUVERNEMENT DE LA RÉPUBLIQUE est confié à un Empereur , qui prend le titre d'EMPEREUR DES FRANÇAIS.

La justice se rend, au nom de l'EMPEREUR, par les officiers qu'il institue.

2. NAPOLÉON BONAPARTE , Premier Consul actuel de la République , est EMPEREUR DES FRANÇAIS.

TITRE II.

DE L'HÉRÉDITÉ.

3. La dignité impériale est héréditaire dans la descendance directe , naturelle et légitime de NAPOLÉON BONAPARTE, de mâle en mâle, par ordre de primogéniture, et à l'exclusion perpétuelle des femmes et de leur descendance.

4. NAPOLÉON BONAPARTE peut adopter les enfans ou petits-enfans de ses frères, pourvu qu'ils aient atteint l'âge de dix-huit ans accom-

plis, et que lui-même n'ait point d'enfans mâles au moment de l'adoption.

Ses fils adoptifs entrent dans la ligne de sa descendance directe.

Si, postérieurement à l'adoption, il lui survient des enfans mâles, ses fils adoptifs ne peuvent être appelés qu'après les descendans naturels et légitimes.

L'adoption est interdite aux successeurs de NAPOLÉON BONAPARTE et à leurs descendans.

5. A défaut d'héritier naturel et légitime ou d'héritier adoptif de NAPOLÉON BONAPARTE, la dignité impériale est dévolue et déférée à *Joseph Bonaparte* et à ses descendans naturels et légitimes, par ordre de primogéniture et de mâle en mâle, à l'exclusion perpétuelle des femmes et de leur descendance.

6. A défaut de *Joseph Bonaparte* et de ses descendans mâles, la dignité impériale est dévolue et déférée à *Louis Bonaparte* et à ses descendans naturels et légitimes, par ordre de primogéniture et de mâle en mâle, à l'exclusion perpétuelle des femmes et de leur descendance.

7. A défaut d'héritiers naturels et légitimes ou d'héritiers adoptifs de NAPOLÉON BONAPARTE;

A défaut d'héritiers naturels et légitimes de *Joseph Bonaparte* et de ses descendans mâles,

De *Louis Bonaparte* et de ses descendans mâles,

Un sénatus-consulte organique, proposé au Sénat par les titulaires des grandes dignités de l'Empire, et soumis à l'acceptation du peuple, nomme l'Empereur, et règle dans sa famille l'ordre de l'hérédité, de mâle en mâle, à l'ex-

clusion perpétuelle des femmes et de leur descendance.

8. Jusqu'au moment où l'élection du nouvel
Empereur est consommée, les affaires de l'Etat
sont gouvernées par les ministres qui se forment en
conseil de gouvernement, et qui délibèrent à la
majorité des voix. Le secrétaire d'état tient le
registre des délibérations.

TITRE III.

DE LA FAMILLE IMPÉRIALE.

9. Les membres de la famille impériale, dans
l'ordre de l'hérédité, portent le titre de *Princes
français.*

Le fils aîné de l'Empereur porte celui de *Prince
impérial.*

10. Un sénatus-consulte règle le mode de l'édu-
cation des princes français.

11. Ils sont membres du Sénat et du Conseil
d'état, lorsqu'ils ont atteint leur dix-huitième
année.

12. Ils ne peuvent se marier sans l'autori-
sation de l'Empereur.

Le mariage d'un prince français, fait sans l'au-
torisation de l'Empereur, emporte privation de
tout droit à l'hérédité, tant pour celui qui l'a
contracté que pour ses descendans.

Néanmoins, s'il n'existe point d'enfant de ce
mariage, et qu'il vienne à se dissoudre, le prince
qui l'avait contracté recouvre ses droits à l'hérédité.

13. Les actes qui constatent la naissance, les
mariages et les décès des membres de la famille

impériale,

impériale, sont transmis, sur un ordre de l'Empereur, au Sénat, qui en ordonne la transcription sur ses registres et le dépôt dans ses archives.

14. NAPOLÉON BONAPARTE établit par des statuts auxquels ses successeurs sont tenus de se conformer,

1°. Les devoirs des individus de tout sexe, membres de la famille impériale, envers l'Empereur ;

2°. Une organisation du palais impérial conforme à la dignité du trône et à la grandeur de la nation.

15. La liste civile reste réglée ainsi qu'elle l'a été par les articles 1 et 4 du décret du 26 mai 1791.

Les princes français *Joseph* et *Louis Bonaparte*, et à l'avenir les fils puînés naturels et légitimes de l'Empereur, seront traités conformément aux articles 1, 10, 11, 12 et 13 du décret du 21 décembre 1790.

L'Empereur pourra fixer le douaire de l'impératrice et l'assigner sur la liste civile ; ses successeurs ne pourront rien changer aux dispositions qu'il aura faites à cet égard.

16. L'Empereur visite les départemens : en conséquence, des palais impériaux sont établis aux quatre points principaux de l'Empire.

Ces palais sont désignés, et leurs dépendances déterminées par une loi.

TITRE IV.

DE LA RÉGENCE.

17. L'Empereur est mineur jusqu'à l'âge de dix-huit ans accomplis; pendant sa minorité il y a un régent de l'Empire.

18. Le régent doit être âgé au moins de vingt-cinq ans accomplis.

Les femmes sont exclues de la régence.

19. L'Empereur désigne le régent parmi les princes français, ayant l'âge exigé par l'article précédent; et à leur défaut, parmi les titulaires des grandes dignités de l'Empire.

20. A défaut de désignation de la part de l'Empereur, la régence est déférée au prince le plus proche en degré, dans l'ordre de l'hérédité, ayant vingt-cinq ans accomplis.

21. Si, l'Empereur n'ayant pas désigné le régent, aucun des princes français n'est âgé de vingt cinq ans accomplis, le Sénat élit le régent parmi les titulaires des grandes dignités de l'Empire.

22. Si, à raison de la minorité d'âge du prince appelé à la régence dans l'ordre de l'hérédité, elle a été déférée à un parent plus éloigné, ou à l'un des titulaires des grandes dignités de l'Empire, le régent entré en exercice continue ses fonctions jusqu'à la majorité de l'Empereur.

23. Aucun Sénatus-consulte organique ne peut être rendu pendant la régence, ni avant la fin de la troisième année qui suit la majorité.

24. Le régent exerce jusqu'à la majorité de l'Empereur toutes les attributions de la dignité impériale.

Néanmoins il ne peut nommer ni aux grandes dignités de l'Empire, ni aux places de grands officiers qui se trouveraient vacantes à l'époque de la régence, ou qui viendraient à vaquer pendant la minorité, ni user de la prérogative réservée à l'Empereur d'élever des citoyens au rang de sénateur.

Il ne peut révoquer ni le grand-juge, ni le secrétaire d'état.

25. Il n'est pas personnellement responsable des actes de son administration.

26. Tous les actes de la régence sont au nom de l'Empereur mineur.

27. Le régent ne propose aucun projet de loi ou de Sénatus-consulte, et n'adopte aucun réglement d'administration publique, qu'après avoir pris l'avis du conseil de régence, composé des titulaires des grandes dignités de l'Empire.

Il ne peut déclarer la guerre, ni signer des traités de paix, d'alliance ou de commerce, qu'après en avoir délibéré dans le conseil de régence, dont les membres, pour ce seul cas, ont voix délibérative. La délibération a lieu à la majorité des voix; et s'il y a partage, elle passe à l'avis du régent.

Le ministre des relations extérieures prend séance au conseil de régence, lorsque ce conseil délibère sur des objets relatifs à son département.

Le grand-juge ministre de la justice peut y être appelé par l'ordre du régent.

Le secrétaire d'état tient le registre des délibérations.

28. La régence ne confère aucun droit sur la personne de l'Empereur mineur.

3 *

29. Le traitement du régent est fixé au quart du montant de la liste civile.

30. La garde de l'Empereur mineur est confiée à sa mère, et à son défaut au prince désigné à cet effet par le prédécesseur de l'Empereur mineur.

A défaut de la mère de l'Empereur mineur, et d'un prince désigné par l'Empereur, le Sénat confie la garde de l'Empereur mineur à l'un des titulaires des grandes dignités de l'Empire.

Ne peuvent être élus pour la garde de l'Empereur mineur, ni le régent et ses descendans, ni les femmes.

31. Dans le cas où NAPOLÉON BONAPARTE usera de la faculté qui lui est conférée par l'article 4, titre II, l'acte d'adoption sera fait en présence des titulaires des grandes dignités de l'Empire, reçu par le secrétaire d'état, et transmis aussitôt au Sénat pour être transcrit sur ses registres et déposé dans ses archives.

Lorsque l'Empereur désigne, soit un régent pour la minorité, soit un prince pour la garde d'un Empereur mineur, les mêmes formalités sont observées.

Les actes de désignation, soit d'un régent pour la minorité, soit d'un prince pour la garde d'un Empereur mineur, sont révocables à volonté par l'Empereur.

Tout acte d'adoption, de désignation, ou de révocation de désignation, qui n'aura pas été transcrit sur les registres du Sénat avant le décès de l'Empereur, sera nul et de nul effet.

TITRE V.

DES GRANDES DIGNITÉS DE L'EMPIRE.

32. Les grandes dignités de l'Empire sont celles,

De grand-électeur,

D'archi-chancelier de l'Empire,

D'archi-chancelier d'état,

D'archi-trésorier,

De connétable,

De grand-amiral.

33. Les titulaires des grandes dignités de l'Empire sont nommés par l'Empereur.

Ils jouissent des mêmes honneurs que les princes français, et prennent rang immédiatement après eux.

L'époque de leur réception détermine le rang qu'ils occupent respectivement.

34. Les grandes dignités de l'Empire sont inamovibles.

35. Les titulaires des grandes dignités de l'Empire sont sénateurs et conseillers d'état.

36. Ils forment le grand conseil de l'Empereur;

Ils sont membres du conseil privé;

Ils composent le grand conseil de la légion d'honneur.

Les membres actuels du grand conseil de la légion d'honneur conservent, pour la durée de leur vie, leurs titres, fonctions et prérogatives.

37. Le Sénat et le Conseil d'état sont présidés par l'Empereur.

Lorsque l'Empereur ne préside pas le Sénat ou le Conseil d'état, il désigne celui des titulaires des grandes dignités de l'Empire qui doit présider.

38. Tous les actes du Sénat et du Corps législatif sont rendus au nom de l'Empereur, et promulgués ou publiés sous le sceau impérial.

39. Le grand - électeur fait les fonctions de chancelier, 1°. pour la convocation du Corps législatif, des colléges électoraux et des assemblées de canton ; 2°. pour la promulgation des Sénatus-consultes portant dissolution, soit du Corps législatif, soit des colléges électoraux.

Le grand - électeur préside en l'absence de l'Empereur, lorsque le Sénat procède aux nominations des sénateurs, des législateurs et des tribuns.

Il peut résider au palais du Sénat.

Il porte à la connaissance de l'Empereur les réclamations formées par les colléges électoraux ou par les assemblées de canton pour la conservation de leurs prérogatives.

Lorsqu'un membre d'un collége électoral est dénoncé, conformément a l'article 21 du Sénatus-consulte organique du 16 thermidor an 10, comme s'étant permis quelque acte contraire à l'honneur ou a la patrie, le grand-électeur invite le collége à manifester son vœu. Il porte le vœu du collége a la connaissance de l'Empereur.

Le grand-électeur présente les membres du Sénat, du Conseil d'état, du Corps législatif et du Tribunat, au serment qu'ils prêtent entre les mains de l'Empereur.

Il reçoit le serment des présidens des colléges électoraux de département et des assemblées de canton.

Il présente les députations solennelles du Sénat, du Conseil d'état, du Corps législatif, du Tribunat et des collèges électoraux, lorsqu'elles sont admises à l'audience de l'Empereur.

40. L'archi-chancelier de l'Empire fait les fonctions de chancelier pour la promulgation des Sénatus-consultes organiques et des lois.

Il fait également celles de chancelier du palais impérial.

Il est présent au travail annuel dans lequel le grand-juge ministre de la justice rend compte à l'Empereur, des abus qui peuvent s'être introduits dans l'administration de la justice, soit civile, soit criminelle.

Il préside à la haute-cour impériale.

Il préside les sections réunies du Conseil d'état et du Tribunat, conformément à l'article 95, titre XI.

Il est présent à la célébration des mariages et à la naissance des princes; au couronnement et aux obsèques de l'Empereur. Il signe le procès-verbal que dresse le secrétaire d'état.

Il présente les titulaires des grandes dignités de l'Empire, les ministres, le secrétaire d'état, les grands officiers civils de la couronne et le premier président de la cour de cassation, au serment qu'ils prêtent entre les mains de l'Empereur.

Il reçoit le serment des membres et du parquet de la cour de cassation, des présidens et procureurs généraux des cours d'appel et des cours criminelles.

Il présente les députations solennelles et les

membres des cours de justice admis à l'audience de l'Empereur.

Il signe et scelle les commissions et brevets des membres des cours de justice et des officiers ministériels ; il scelle les commissions et brevets des fonctions civiles administratives et les autres actes qui seront désignés dans le règlement portant organisation du sceau.

4¹. L'archi-chancelier d'état fait les fonctions de chancelier pour la promulgation des traités de paix et d'alliance, et pour les déclarations de guerre.

Il présente à l'Empereur et signe les lettres de créance et la correspondance d'étiquette avec les différentes cours de l'Europe, rédigées suivant les formes du protocole impérial, dont il est le gardien.

Il est présent au travail annuel dans lequel le ministre des relations extérieures rend compte à l'Empereur, de la situation politique de l'Etat.

Il présente les ambassadeurs et ministres de l'Empereur dans les cours étrangères, au serment qu'ils prêtent entre les mains de S. M. I.

Il reçoit le serment des résidens, chargés d'affaires, secrétaires d'ambassade et de légation, et des commissaires généraux et commissaires des relations commerciales.

Il présente les ambassades extraordinaires et les ambassadeurs et ministres français et étrangers.

4°. L'archi-trésorier est présent au travail annuel dans lequel les ministres des finances et du trésor public rendent à l'Empereur les comptes des recettes et des dépenses de l'Etat, et exposent leurs vues sur les besoins des finances de l'Empire.

Les comptes des recettes et des dépenses annuelles, avant d'être présentés à l'Empereur, sont revêtus de son visa.

Il préside les sections réunies du Conseil d'état et du Tribunat, conformément à l'article 95, titre XI.

Il reçoit, tous les trois mois, le compte des travaux de la comptabilité nationale, et tous les ans le résultat général et les vues de réforme et d'amélioration dans les différentes parties de la comptabilité; il les porte à la connaissance de l'Empereur.

Il arrête, tous les ans, le grand-livre de la dette publique.

Il signe les brevets des pensions civiles.

Il reçoit le serment des membres de la comptabilité nationale, des administrations de finances, et des principaux agens du trésor public.

Il présente les députations de la comptabilité nationale et des administrations de finances admises à l'audience de l'Empereur.

43. Le connétable est présent au travail annuel dans lequel le ministre de la guerre et le directeur de l'administration de la guerre rendent compte à l'Empereur, des dispositions à prendre pour compléter le système de défense des frontières, l'entretien, les réparations et l'approvisionnement des places.

Il pose la première pierre des places-fortes dont la construction est ordonnée.

Il est gouverneur des écoles militaires.

Lorsque l'Empereur ne remet pas en personne les drapeaux aux corps de l'armée, ils leur sont remis en son nom par le connétable.

En l'absence de l'Empereur, le connétable passe les grandes revues de la garde impériale.

Lorsqu'un général d'armée est prévenu d'un délit spécifié au Code pénal militaire, le connétable peut présider le conseil de guerre qui doit juger.

Il présente les maréchaux de l'Empire, les colonels généraux, les inspecteurs généraux, les officiers généraux et les colonels de toutes les armes, au serment qu'ils prètent entre les mains de l'Empereur.

Il reçoit le serment des majors, chefs de bataillon et d'escadron de toutes les armes.

Il installe les maréchaux de l'Empire.

Il présente les officiers généraux et les colonels, majors, chefs de bataillon et d'escadron de toutes les armes, lorsqu'ils sont admis à l'audience de l'empereur.

Il signe les brevets de l'armée et ceux des militaires pensionnaires de l'État.

44. Le grand-amiral est présent au travail annuel dans lequel le ministre de la marine rend compte à l'Empereur, de l'état des constructions navales, des arsenaux et des approvisionnemens.

Il reçoit annuellement et présente à l'Empereur les comptes de la caisse des invalides de la marine.

Lorsqu'un amiral, vice-amiral ou contre-amiral, commandant en chef une armée navale, est prévenu d'un délit spécifié au Code pénal maritime, le grand-amiral peut présider la cour martiale qui doit juger.

Il présente les amiraux, les vice-amiraux, les contre-amiraux et les capitaines de vaisseau, au serment qu'ils prêtent entre les mains de l'Empereur.

Il reçoit le serment des membres du conseil des prises, et des capitaines de frégate.

Il présente les amiraux, les vice-amiraux, les contre-amiraux, les capitaines de vaisseau et de frégate, et les membres du conseil des prises, lorsqu'ils sont admis à l'audience de l'Empereur.

Il signe les brevets des officiers de l'armée navale et ceux des marins pensionnaires de l'État.

45. Chaque titulaire des grandes dignités de l'Empire préside un collége électoral de département.

Le collége électoral séant à Bruxelles est présidé par le grand-électeur.

Le collége électoral séant à Bordeaux est présidé par l'archi-chancelier de l'Empire.

Le collége électoral séant à Nantes est présidé par l'archi-chancelier d'état.

Le collége électoral séant à Lyon est présidé par l'archi-trésorier de l'Empire.

Le collége électoral séant à Turin est présidé par le connétable ;

Le collége électoral séant à Marseille est présidé par le grand-amiral.

46. Chaque titulaire des grandes dignités de l'Empire reçoit annuellement, à titre de traitement fixe, le tiers de la somme affectée aux princes, conformément au décret du 21 décembre 1790.

47. Un statut de l'Empereur règle les fonctions des titulaires des grandes dignités de l'Empire auprès de l'Empereur, et détermine leur costume dans les grandes cérémonies. Les successeurs de

l'Empereur ne peuvent déroger à ce statut que par un sénatus-consulte.

TITRE VI.

DES GRANDS OFFICIERS DE L'EMPIRE.

48. Les grands officiers de l'Empire sont :

PREMIÈREMENT, des maréchaux de l'Empire, choisis parmi les généraux les plus distingués.

Leur nombre n'excède pas celui de seize.

Ne font point partie de ce nombre les maréchaux de l'Empire qui sont sénateurs.

SECONDEMENT, huit inspecteurs et colonels généraux de l'artillerie et du génie, des troupes à cheval et de la marine.

TROISIÈMEMENT, des grands officiers civils de la couronne, tels qu'ils seront institués par les statuts de l'Empereur.

49. Les places des grands officiers sont inamovibles.

5o. Chacun des grands officiers de l'Empire préside un collège électoral qui lui est spécialement affecté au moment de sa nomination.

51. Si, par un ordre de l'Empereur, ou pour toute autre cause que ce puisse être, un titulaire d'une grande dignité de l'Empire ou un grand officier vient à cesser ses fonctions, il conserve son titre, son rang, ses prérogatives et la moitié de son traitement : il ne les perd que par un jugement de la haute-cour impériale.

TITRE VII.

DES SERMENS.

52. Dans les deux ans qui suivent son avénement ou sa majorité, l'Empereur, accompagné

Des titulaires des grandes dignités de l'Empire,

Des ministres,

Des grands officiers de l'Empire,

Prête serment au Peuple Français sur l'évangile, et en présence

Du Sénat,

Du Conseil d'état,

Du Corps législatif,

Du Tribunat,

De la cour de cassation,

Des archevêques,

Des évêques,

Des grands officiers de la légion d'honneur,

De la Comptabilité nationale,

Des présidens des cours d'appel,

Des présidens des colléges electoraux,

Des présidens des assemblées de canton,

Des présidens des consistoires,

Et des maires des trente-six principales villes
de l'Empire.

Le secrétaire d'état dresse procès-verbal de la
prestation du serment.

53. Le serment de l'Empereur est ainsi conçu :

« Je jure de maintenir l'intégrité du territoire
» de la République ; de respecter et de faire res-
» pecter les lois du concordat et la liberté des
» cultes ; de respecter et faire respecter l'égalité
» des droits, la liberté politique et civile, l'irré-

» vocabilité des ventes des biens nationaux ; de
» ne lever aucun impôt ; de n'établir aucune taxe
» qu'en vertu de la loi ; de maintenir l'institu-
» tion de la légion d'honneur ; de gouverner dans
» la seule vue de l'intérêt, du bonheur et de la
» gloire du peuple français. »

54. Avant de commencer l'exercice de ses fonctions, le régent accompagné

Des titulaires des grandes dignités de l'Empire,

Des ministres,

Des grands officiers de l'Empire,

Prête serment sur l'évangile, et en présence

Du Sénat,

Du Conseil d'état,

Du président et des questeurs du Corps législatif,

Du président et des questeurs du Tribunat,

Et des grands officiers de la légion d'honneur.

Le secrétaire d'état dresse procès-verbal de la
prestation du serment

55. Le serment du régent est conçu en ces
termes :

« Je jure d'administrer les affaires de l'Etat,
» conformément aux constitutions de l'Empire,
» aux Sénatus-consultes et aux lois ; de maintenir
» dans toute leur intégrité le territoire de la Ré-
» publique, les droits de la nation et ceux de
» la dignité impériale, et de remettre fidèlement
» à l'Empereur, au moment de sa majorité, le
» pouvoir dont l'exercice m'est confié. »

56. Les titulaires des grandes dignités de l'Empire, les ministres, le secrétaire d'état, les grands
officiers, les membres du Sénat, du Conseil d'état,
du Corps législatif, du Tribunat, des colléges

électoraux et des assemblées de canton, prêtent serment en ces termes :

« Je jure obéissance aux constitutions de l'Em-
» pire et fidélité à l'Empereur ».

Les fonctionnaires publics civils et judiciaires, et les officiers et soldats de l'armée de terre et de mer, prêtent le même serment.

T I T R E   V I I I.

D U   S É N A T.

57. Le Sénat se compose,

1°. Des princes français ayant atteint leur dix-huitième année ;

2°. Des titulaires des grandes dignités de l'Em-pire ;

3°. Des quatre - vingt membres nommés sur la présentation des candidats choisis par l'Em-pereur sur les listes formées par les colléges électoraux de département ;

4°. Des citoyens que l'Empereur juge convenable d'élever à la dignité de sénateur.

Dans le cas où le nombre des sénateurs excé-dera celui qui a été fixé par l'article 63 du sénatus - Consulte organique du 16 Thermidor an X, il sera, à cet égard, pourvu par une loi à l'exécution de l'article 17 du Sénatus-Consulte du 14 nivose an XI.

58. Le président du Sénat est nommé par l'Em-pereur, et choisi parmi les sénateurs.

Ses fonctions durent un an.

59. Il convoque le Sénat sur un ordre du propre mouvement de l'Empereur, et sur la demande, ou des commissions dont il sera parlé

ci-après, art. 60 et 64, ou d'un sénateur, conformément aux dispositions de l'article 70, ou d'un
officier du Sénat, pour les affaires intérieures du
corps.

Il rend compte à l'Empereur, des convocations
faites sur la demande des commissions ou d'un
sénateur, de leur objet, et des résultats des délibérations du Sénat.

60. Une commission de sept membres nommés
par le Sénat et choisis dans son sein, prend connaissance, sur la communication qui lui en est
donnée par les ministres, des arrestations effec-
tuées conformément à l'article 46 de la Constitution, lorsque les personnes arrêtées n'ont pas été
traduites devant les tribunaux dans les dix jours
de leur arrestation.

Cette commission est appelée *commission sénatoriale de la liberté individuelle.*

61. Toutes les personnes arrêtées et non mises
en jugement après les dix jours de leur arrestation,
peuvent recourir directement, par elles, leurs
parens ou leurs représentans, et par voie de pétition, à la commission sénatoriale de la liberté
individuelle.

62. Lorsque la commission estime que la détention prolongée au-delà des dix jours de l'arrestation n'est pas justifiée par l'intérêt de l'État,
elle invite le ministre qui a ordonné l'arrestation
à faire mettre en liberté la personne détenue, ou
à la renvoyer devant les tribunaux ordinaires.

63. Si, après trois invitations consécutives,
renouvelées dans l'espace d'un mois, la personne
détenue n'est pas mise en liberté ou renvoyée
devant les tribunaux ordinaires, la commission

demande

demande une assemblée du Sénat, qui est convoqué par le président, et qui rend, s'il y a lieu, la déclaration suivante :

« Il y a de fortes présomptions que N. est dé- » tenu arbitrairement. »

On procède ensuite, conformément aux dispositions de l'article 112, titre XIII *de la Haute-Cour Impériale.*

64. Une commission de sept membres nommés par le Sénat et choisis dans son sein, est chargée de veiller à la liberté de la presse.

Ne sont point compris dans son attribution les ouvrages qui s'impriment et se distribuent par abonnement et à des époques périodiques.

Cette commission est appelée *commission sénatoriale de la liberté de la presse.*

65. Les auteurs, imprimeurs ou libraires qui se croient fondés à se plaindre d'empêchement mis à l'impression ou à la circulation d'un ouvrage, peuvent recourir directement et par voie de pétition à la commission sénatoriale de la liberté de la presse.

66. Lorsque la commission estime que les empêchemens ne sont pas justifiés par l'intérêt de l'Etat, elle invite le ministre qui a donné l'ordre à le révoquer.

67. Si, après trois invitations consécutives, renouvelées dans l'espace d'un mois, les empêchemens subsistent, la commission demande une assemblée du Sénat, qui est convoqué par le président, et qui rend, s'il y a lieu, la déclaration suivante :

« Il y a de fortes présomptions que la liberté » de la presse a été violée. »

Code impérial. 4

On procède ensuite conformément aux disposi-tions de l'article 112, Titre XIII, *de la Haute-Cour impériale.*

68. Un membre de chacune des commissions sénatoriales cesse ses fonctions tous les quatre mois.

69. Les projets de lois décrétés par le Corps législatif, sont transmis, le jour même de leur adoption, au Sénat, et déposés dans ses archives.

70. Tout décret rendu par le Corps législatif peut être dénoncé au Sénat par un sénateur, 1.° comme tendant au rétablissement du régime féodal ; 2.° comme contraire à l'irrévocabilité des ventes des domaines nationaux ; 3.° comme n'ayant pas été délibéré dans les formes prescrites par les constitutions de l'Empire, les réglemens et les lois ; 4.° comme portant atteinte aux prérogatives de la dignité impériale et à celles du Sénat ; sans préjudice de l'exécution des articles 21 et 37 de l'acte des constitutions de l'Empire, en date du 22 frimaire an 8.

71. Le Sénat, dans les six jours qui suivent l'a-doption du projet de loi, délibérant sur le rapport d'une commission spéciale, et après avoir entendu trois lectures du décret dans trois séances tenues à des jours différens, peut exprimer l'opinion *qu'il n'y a pas lieu à promulguer la loi.*

Le président porte à l'Empereur la délibération motivée du Sénat.

72. L'Empereur, après avoir entendu le Conseil d'état, ou déclaré par un décret son adhésion à la délibération du Sénat, on fait promulguer la loi.

73. Toute loi dont la promulgation, dans cette

circonstance, n'a pas été faite avant l'expiration du délai de dix jours, ne peut plus être promulguée si elle n'a été de nouveau délibérée et adoptée par le Corps législatif.

74. Les opérations entières d'un collége électoral, et les opérations partielles qui sont relatives à la présentation des candidats au Sénat, au Corps législatif et au Tribunat, ne peuvent être annullées pour cause d'inconstitutionalité, que par un sénatus-consulte.

TITRE IX.

DU CONSEIL D'ÉTAT.

75. Lorsque le Conseil d'état délibére sur les projets de lois ou sur les réglemens d'administration publique, les deux tiers des membres du Conseil en service ordinaire doivent être présens.

Le nombre des conseillers d'Etat présens ne peut être moindre de vingt-cinq.

76. Le Conseil d'état se divise en six sections ; savoir :

Section de la législation,
Section de l'intérieur,
Section des finances,
Section de la guerre,
Section de la marine,
Et section du commerce.

77. Lorsqu'un membre du Conseil d'état a été porté pendant cinq années sur la liste des membres du Conseil en service ordinaire, il reçoit un brevet de conseiller d'état à vie.

Lorsqu'il cesse d'être porté sur la liste du Conseil

4 *

d'état en service ordinaire ou extraordinaire, il n'a droit qu'au tiers du traitement de conseiller d'état.

Il ne perd son titre et ses droits que par un jugement de la haute-cour impériale, emportant peine afflictive ou infamante.

TITRE X.

DU CORPS LÉGISLATIF.

78. Les membres sortant du Corps législatif peuvent être réélus sans intervalle.

79. Les projets de lois présentés au Corps législatif sont renvoyés aux trois sections du Tribunat.

80. Les séances du Corps législatif se distinguent en séances ordinaires et en comités généraux.

81. Les séances ordinaires sont composées des membres du Corps législatif, des orateurs du Conseil d'état, des orateurs des trois sections du Tribunat.

Les comités généraux ne sont composés que des membres du Corps législatif.

Le président du Corps législatif préside les séances ordinaires et les comités généraux.

82. En séance ordinaire, le Corps législatif entend les orateurs du Conseil d'état et ceux des trois sections du Tribunat, et vote sur le projet de loi.

En comité général, les membres du Corps lé-

gislatif discutent entre eux les avantages et les inconvéniens du projet de loi.

83. Le Corps législatif se forme en comité général,

1°. Sur l'invitation du président pour les affaires
intérieures du corps ;

2°. Sur une demande faite au président et signée par cinquante membres présens ;

Dans ces deux cas, le comité général est secret ;
et les discussions ne doivent être ni imprimées ni
divulguées ;

3° Sur la demande des orateurs du Conseil
d'état, spécialement autorisés à cet effet.

Dans ce cas, le comité général est nécessairement public.

Aucune délibération ne peut être prise dans les
comités généraux.

84. Lorsque la discussion en comité général est
fermée, la délibération est ajournée au lendemain en séance ordinaire.

85. Le Corps législatif, le jour où il doit voter
sur le projet de loi, entend, dans la même séance,
le résumé que font les orateurs du Conseil d'état.

86. La délibération d'un projet de loi, ne peut,
dans aucun cas, être différée de plus de trois
jours au - delà de celui qui avait été fixé pour
la clôture de la discussion.

87. Les sections du Tribunat constituent les
seules commissions du Corps législatif, qui ne
peut en former d'autres que dans le cas énoncé
art. 113 au titre XIII *de la Haute-Cour impé-*
riale.

TITRE XI.

DU TRIBUNAT.

88. Les fonctions des membres du Tribunat durent dix ans.

89. Le Tribunat est renouvelé par moitié tous les cinq ans.

Le premier renouvellement aura lieu, pour la session de l'an 17, conformément au Sénatus-consulte organique du 16 thermidor an X.

90. Le président du Tribunat est nommé par l'Empereur, sur une présentation de trois candidats faite par le Tribunat au scrutin secret et à la majorité absolue.

91. Les fonctions du président du Tribunat durent deux ans.

92. Le Tribunat a deux questeurs.

Ils sont nommés par l'Empereur, sur une liste triple de candidats choisis par le Tribunat au scrutin secret et à la majorité absolue.

Leurs fonctions sont les mêmes que celles attribuées aux questeurs du Corps législatif, par les articles 19, 20, 21, 22, 23, 24 et 25 du Sénatus-consulte organique du 24 frimaire an XII.

Un des questeurs est renouvelé chaque année.

93. Le Tribunat est divisé en trois sections ; savoir :

Section de la législation ,
Section de l'intérieur,
Section des finances.

94. Chaque section forme une liste de trois de

ses membres, parmi lesquels le président du Tribunat désigne le président de la section.

Les fonctions de président de section durent
un an.

95. Lorsque les sections respectives du Conseil
d'état et du Tribunat demandent à se réunir, les
conférences ont lieu sous la présidence de l'archi-
chancelier de l'Empire, ou de l'archi-trésorier,
suivant la nature des objets à examiner.

96. Chaque section discute séparément et en
assemblée de section, les projets de lois qui lui
sont transmis par le Corps législatif.

Deux orateurs de chacune des trois sections
portent au Corps législatif le vœu de leurs sections, et en développent les motifs.

97. En aucun cas les projets de lois ne peuvent
être discutés par le Tribunat en assemblée générale.

Il se réunit en assemblée générale, sous la
surveillance de son président, pour l'exercice de
ses autres attributions.

T I T R E   X I I.

D E S   C O L L É G E S   É L E C T O R A U X.

98. Toutes les fois qu'un collége électoral de
département est réuni pour la formation de la
liste des candidats au Corps législatif, les listes
de candidats pour le Sénat sont renouvelées.

Chaque renouvellement rend les présentations
antérieures de nul effet.

99. Les grands officiers, les commandans et les
officiers de la légion d'honneur sont membres du

collége électoral du département dans lequel ils
ont leur domicile, ou de l'un des départemens
de la cohorte à laquelle ils appartiennent.

Les légionnaires sont membres du collége électoral de leur arrondissement.

Les membres de la légion d'honneur sont admis
au collége électoral dont ils doivent faire partie,
sur la présentation d'un brevet qui leur est délivré
à cet effet par le grand-électeur.

100. Les préfets et les commandans militaires
des départemens ne peuvent être élus candidats
au Sénat par les colléges électoraux des départemens dans lesquels ils exercent leurs fonctions.

TITRE XIII.

DE LA HAUTE-COUR IMPÉRIALE.

101. Une haute-cour impériale connaît,

1°. Des délits personnels commis par des membres de la famille impériale, par des titulaires des
grandes dignités de l'Empire, par des ministres,
par le secrétaire d'état, par de grands officiers,
par des sénateurs, par des conseillers d'état;

2°. Des crimes, attentats et complots contre la
sureté intérieure et extérieure de l'État, la personne de l'Empereur et celle de l'héritier pré-
somptif de l'Empire;

3°. Des délits de *responsabilité d'office* commis
par les ministres et les conseillers d'état chargés
spécialement d'une partie d'administration publique;

4°. Des prévarications et abus de pouvoir commis, soit par des capitaines généraux des colonies,

des préfets coloniaux et des commandans des établissemens français hors du continent, soit par
des administrateurs généraux employés extraor-
dinairement, soit par des généraux de terre ou
de mer ; sans préjudice, à l'égard de ceux - ci,
des poursuites de la juridiction militaire, dans
les cas déterminés par les lois.

5.° Du fait de désobéissance des généraux de
terre ou de mer qui contreviennent à leurs instructions ;

6.° Des concussions et dilapidations dont les
préfets de l'intérieur se rendent coupables dans
l'exercice de leurs fonctions ;

7.° Des forfaitures ou prises à partie qui peuvent être encourues par une cour d'appel, ou
par une cour de justice criminelle, ou par des
membres de la cour de cassation ;

8°. Des dénonciations pour cause de détention
arbitraire et de violation de la liberté de la
presse.

102. Le siége de la haute-cour impériale est
dans le Sénat.

103. Elle est présidée par l'archi-chancelier de
l'Empire.

S'il est malade, absent ou légitimement empêché, elle est présidée par un autre titulaire
d'une grande dignité de l'Empire.

104. La haute-cour impériale est composée des
princes, des titulaires des grandes dignités et
grands officiers de l'Empire, du grand-juge, ministre de la justice, de soixante sénateurs, des
six présidens de section du Conseil d'état, de
quatorze conseillers d'état et de vingt membres de
la cour de cassation.

Les sénateurs, les conseillers d'état et les membres de la cour de cassation sont appelés par ordre d'ancienneté.

105. Il y a auprès de la haute-cour impériale un procureur général, nommé à vie par l'Empereur.

Il exerce le ministère public, étant assisté de trois tribuns, nommés chaque année par le Corps législatif, sur une liste de neuf candidats présentés par le Tribunat, et de trois magistrats que l'Empereur nomme aussi, chaque année, parmi les officiers des cours d'appel ou de justice criminelle.

106. Il y a auprès de la haute-cour impériale un greffier en chef nommé à vie par l'Empereur.

107. Le président de la haute-cour impériale ne peut jamais être récusé ; il peut s'abstenir pour des causes légitimes.

108. La haute-cour impériale ne peut agir que sur les poursuites du ministère public. Dans les délits commis par ceux que leur qualité rend justiciables de la cour impériale, s'il y a un plaignant, le ministère public devient nécessairement partie jointe et poursuivante, et procède ainsi qu'il est réglé ci-après.

Le ministère public est également partie jointe et poursuivante dans les cas de forfaiture ou de prise à partie.

109. Les magistrats de sureté et les directeurs de jury sont tenus de s'arrêter, et de renvoyer, dans le délai de huitaine, au procureur général près la haute-cour impériale, toutes les pièces de la procédure, lorsque, dans les délits dont ils poursuivent la réparation, il résulte, soit de la

qualité des personnes, soit du titre de l'accusation, soit des circonstances, que le fait est de la compétence de la haute-cour impériale.

Néanmoins les magistrats de sureté continuent à recueillir les preuves et les traces du délit.

110. Les ministres ou les conseillers d'état chargés d'une partie quelconque d'administration publique, peuvent être dénoncés par le Corps législatif, s'ils ont donné des ordres contraires aux constitutions et aux lois de l'Empire.

111. Peuvent être également dénoncés par le Corps législatif,

Les capitaines généraux des colonies, les préfets coloniaux, les commandans des établissemens français hors du continent, les administrateurs généraux, lorsqu'ils ont prévariqué ou abusé de leur pouvoir ;

Les généraux de terre ou de mer qui ont désobéi à leurs instructions ;

Les préfets de l'intérieur qui se sont rendus coupables de dilapidation ou de concussion.

112. Le Corps législatif dénonce pareillement les ministres ou agens de l'autorité, lorsqu'il y a eu, de la part du Sénat, déclaration de *fortes présomptions de détention arbitraire* ou de *violation de la liberté de la presse.*

113. La dénonciation du Corps législatif ne peut être arrêtée que sur la demande du Tribunat, ou sur la réclamation de cinquante membres du Corps législatif, qui requièrent un comité secret à l'effet de faire désigner, par la voie du scrutin, dix d'entre eux pour rédiger le projet de dénonciation.

114. Dans l'un et l'autre cas, la demande ou

la réclamation doit être faite par écrit, signée par le président et les secrétaires du Tribunat, ou par les dix membres du Corps législatif.

Si elle est dirigée contre un ministre ou contre un conseiller d'état chargé d'une partie d'administration publique, elle leur est communiquée dans le délai d'un mois.

115. Le ministre ou le conseiller d'état dénoncé ne comparaît point pour y répondre.

L'Empereur nomme trois conseillers d'état pour se rendre au Corps législatif le jour qui est indiqué, et donner des éclaircissemens sur les faits de la dénonciation.

116. Le Corps législatif discute en comité secret les faits compris dans la demande ou dans la réclamation, et il délibère par la voie du scrutin.

117. L'acte de dénonciation doit être circonstancié, signé par le président et par les secrétaires du Corps législatif.

Il est adressé par un message à l'archi-chancelier de l'Empire, qui le transmet au procureur-général près la haute-cour impériale.

118. Les prévarications ou abus de pouvoir des capitaines généraux des colonies, des préfets coloniaux, des commandans des établissemens hors du continent, des administrateurs généraux, les faits de désobéissance de la part des généraux de terre ou de mer aux instructions qui leur ont été données, les dilapidations et concussions des préfets, sont aussi dénoncés par les ministres chacun dans ses attributions, aux officiers chargés du ministère public.

Si la dénonciation est faite par le grand-juge, ministre de la justice, il ne peut point assister ni prendre part aux jugemens qui interviennent sur sa dénonciation.

119. Dans les cas déterminés par les articles 110, 111, 112 et 118, le procureur général informe sous trois jours l'archi-chancelier de l'Empire, qu'il y a lieu de réunir la haute-cour impériale.

L'archi-chancelier, après avoir pris les ordres de l'Empereur, fixe dans la huitaine l'ouverture des séances.

120. Dans la première séance de la haute-cour impériale, elle doit juger sa compétence.

121. Lorsqu'il y a dénonciation ou plainte, le procureur général, de concert avec les tribuns et les trois magistrats officiers du parquet, examine s'il y a lieu à poursuites.

La décision lui appartient; l'un des magistrats du parquet peut être chargé par le procureur général, de diriger les poursuites.

Si le ministère public estime que la plainte ou la dénonciation ne doit pas être admise, il motive les conclusions sur lesquelles la haute-cour impériale prononce, après avoir entendu le magistrat chargé du rapport.

122. Lorsque les conclusions sont adoptées, la haute-cour impériale termine l'affaire par un jugement définitif.

Lorsqu'elles sont rejetées, le ministère public est tenu de continuer les poursuites.

123. Dans le second cas prévu par l'article précédent, et aussi lorsque le ministère public estime que la plainte ou la dénonciation doit être admise, il est tenu de dresser l'acte d'accusation dans la huitaine, et de le communiquer au com-

missaire et au suppléant que l'archi-chancelier de l'Empire nomme parmi les juges de la cour de cassation qui sont membres de la haute-cour impériale. Les fonctions de ce commissaire, et, à son défaut, du suppléant, consistent à faire l'instruction et le rapport.

124. Le rapporteur ou son suppléant soumettent l'acte d'accusation à douze commissaires de la haute-cour impériale, choisis par l'archi-chancelier de l'Empire, six parmi les sénateurs, et six parmi les autres membres de la haute-cour impériale. Les membres choisis ne concourent point au jugement de la haute-cour impériale.

125. Si les douze commissaires jugent qu'il y a lieu à accusation, le commissaire rapporteur rend une ordonnance conforme, décerne les mandats d'arrêt et procède à l'instruction.

126. Si les commissaires estiment au contraire qu'il n'y a pas lieu à accusation, il en est référé par le rapporteur à la haute-cour impériale, qui prononce définitivement.

127. La haute-cour impériale ne peut juger à moins de soixante membres. Dix de la totalité des membres qui sont appelés à la composer, peuvent être récusés sans motifs déterminés par l'accusé, et dix par la partie publique. L'arrêt est rendu à la majorité absolue des voix.

128. Les débats et le jugement ont lieu en public.

129. Les accusés ont des défenseurs; s'ils n'en présentent point, l'archichancelier de l'Empire leur en donne d'office.

130. La haute-cour impériale ne peut prononcer que des peines portées par le Code pénal.

Elle prononce, s'il y a lieu, la condamnation aux dommages et intérêts civils.

131. Lorsqu'elle acquitte, elle peut mettre ceux qui sont absous, sous la surveillance ou à la disposition de la haute police de l'Etat, pour le temps qu'elle détermine.

132. Les arrêts rendus par la haute-cour impériale ne sont soumis à aucun recours ;

Ceux qui prononcent une condamnation à une peine afflictive ou infamante, ne peuvent être exécutés que lorsqu'ils ont été signés par l'Empereur.

133. Un Sénatus-consulte particulier contient le surplus des dispositions relatives à l'organisation et à l'action de la haute-cour impériale.

TITRE XIV.

DE L'ORDRE JUDICIAIRE.

134. Les jugemens des cours de justice sont intitulés ARRÊTS.

135. Les présidens de la cour de cassation, des cours d'appel et de justice criminelle sont nommes à vie par l'Empereur, et peuvent être choisis hors des cours qu'ils doivent présider.

136. Le tribunal de cassation prend la dénomination de *cour de cassation.*

Les tribunaux d'appel prennent la dénomination de *cours d'appel ;*

Les tribunaux criminels, celle de *cours de justice criminelle.*

Le président de la cour de cassation et celui des cours d'appel divisées en sections, prennent le titre de *premier président.*

Les vice-présidens prennent celui de *présidens.*

Les commissaires du Gouvernement près de la cour de cassation, des cours d'appel et des cours de justice criminelle, prennent le titre de *procureurs généraux impériaux.*

Les commissaires du Gouvernement auprès des autres tribunaux, prennent le titre de *procureurs impériaux.*

TITRE XV.

DE LA PROMULGATION.

137. L'Empereur fait sceller et fait promulguer les sénatus-consultes organiques,

Les sénatus-consultes,

Les actes du Sénat,

Les lois.

138. Les sénatus-consultes organiques, les sénatus-consultes et les actes du Sénat sont promulgués, au plus tard, le dixième jour qui suit leur émission.

Il est fait deux expéditions originales de chacun des actes mentionnés en l'article précédent.

Toutes deux sont signées par l'Empereur, visées par l'un des titulaires des grandes dignités, chacun suivant leurs droits et leurs attributions, contre-signées par le secrétaire d'Etat et le ministre de la justice, et scellées du grand sceau de l'Etat.

139.

i39. L'une de ces expéditions est déposée aux archives du sceau, et l'autre est remise aux archives de l'autorité publique de laquelle l'acte est émané.

140. La promulgation est ainsi conçue :

« N. (*le prénom de l'Empereur*), par la grâce de Dieu
» et les constitutions de la République, Empereur des
» Français, à tous présens et à venir, SALUT :

« Le Sénat, après avoir entendu les orateurs du Conseil
» d'état, a décrété *ou* arrêté, et nous ordonnons ce qui
» suit :

« (*Et s'il s'agit d'une loi*) le Corps législatif a rendu,
» le .... (*la date*) le décret suivant, conformément
» à la proposition faite au nom de l'Empereur, et après
» avoir entendu les orateurs du Conseil d'état et des sec-
» tions du Tribunat le........

« Mandons et ordonnons que les présentes, revêtues
» des sceaux de l'État, insérées au Bulletin des lois, soient
» adressées aux cours, aux tribunaux et aux autorités ad-
» ministratives, pour qu'ils les inscrivent dans leurs regis-
» tres, les observent et les fassent observer ; et le grand-
» juge ministre de la justice est chargé d'en surveiller la
» publication. »

141. Les expéditions exécutoires des jugemens
sont rédigées ainsi qu'il suit :

« N. (*le prénom de l'Empereur*), par la grâce de Dieu
» et les constitutions de la République, Empereur des
» Français, à tous présens et à venir, SALUT :
« La cour de..... *ou* le tribunal de........ (*si c'est
» un tribunal de première instance*), a rendu le jugement
» suivant :

(*Ici copier l'arrêt* ou *le jugement.*)

« Mandons et ordonnons à tous huissiers sur ce requis,
» de mettre ledit jugement à exécution, à nos procureurs

» généraux , et à nos procureurs près les tribunaux de pre-
» mière instance , d'y tenir la main ; à tous commandans
» et officiers de la force publique , de preter main-forte
» lorsqu'ils en seront légalement requis.

« En foi de quoi le présent jugement a été signé par
» le président de la cour *ou* du tribunal , et par le gref-
« fier. »

TITRE XVI ET DERNIER.

142. La proposition suivante sera présentée à
l'acceptation du peuple, dans les formes déterminées par l'arrêté du 20 floréal an X :

« Le peuple veut l'hérédité de la dignité im-
» périale dans la descendance directe , naturelle ,
» légitime et adoptive de *Napoléon Bonaparte ,*
» et dans la descendance directe , naturelle et lé-
» gitime de *Joseph Bonaparte* et de *Louis*
» *Bonaparte* , ainsi qu'il est réglé par le sénatus-
» consulte organique du 28 floréal an XII. »

Signé CAMBACÉRÉS , second Consul , *président;*
MORARD - DE - GALLES , JOSEPH CORNUDET, *secrétaires.*

Vu et scellé , *le chancelier du Sénat* , signé LAPLACE.

MANDONS et ordonnons que les présentes,
revêtues des sceaux de l'Etat, insérées au Bulletin
des lois , soient adressées aux Cours, aux Tribunaux et aux Autorités administratives , pour
qu'ils les inscrivent dans leurs registres, les observent et les fassent observer ; et le Grand-Juge
Ministre de la justice est chargé d'en surveiller
l'exécution.

Donné au Palais de Saint-Cloud, le 28 Floréal an XII, et de notre règne le premier.

Signé B O N A P A R T E.

Vu par nous Archi-chancelier de l'Empire,

Signé   C A M B A C É R É S.

Par l'Empereur,
Le Secrétaire d'État , Signé HUGUES B. MARET.

Le Grand-Juge Ministre de la Justice ,

R E G N I E R.

━━━

DÉCRET IMPÉRIAL

Portant Réglement sur le mode de présentation à l'acceptation du Peuple, de la proposition énoncée article 142 du Sénatus-consulte organique du 28 Floréal an XII.

Du 29 Floréal an XII.　(Bull. des lois, Nº. 2.)

NAPOLÉON, par la grâce de Dieu et les constitutions de la République, EMPEREUR DES FRANÇAIS;

Sur le rapport des Ministres; le Conseil d'état entendu; vu le sénatus consulte du 28 floréal,

DÉCRÈTE le réglement dont la teneur suit :

ARTICLE PREMIER.

Il sera ouvert

Aux secrétariats de toutes les administrations et de toutes les municipalités, aux greffes de tous les tribunaux, chez tous les juges de paix et chez tous les notaires,

Des registres sur lesquels les Français seront appelés à consigner leur vœu sur la proposition suivante :

« Le peuple veut l'hérédité de la dignité impériale
» dans la descendance directe, naturelle, légitime et
» adoptive de NAPOLÉON BONAPARTE, et dans la
» descendance directe, naturelle et légitime de *Joseph*
» *Bonaparte* et de *Louis Bonaparte*, ainsi qu'il est

» réglé par le sénatus-consulte organique du 28 floréal
» an XII. »

2. Ces registres resteront ouverts pendant douze jours.

3. Aussitôt après l'expiration du temps donné pour
voter, chaque dépositaire d'un registre l'arrêtera, portera
au bas le relevé des votes, certifiera le tout, et l'adressera, dans les deux jours suivans, au maire de sa municipalité ; celui-ci, dans les vingt-quatre heures suivantes,
le fera passer au sous-préfet de son arrondissement,
avec un relevé de lui certifié, et qui sera conforme au
modèle joint au présent réglement sous le n°. 1er.

4. Vingt-un jours après la publication du présen^t
réglement, le sous préfet transmettra au préfet tous le^s
registres de son arrondissement, avec un relevé de lu^i
certifié, et qui sera conforme au modèle n°. 2.

5. Vingt-cinq jours après la publication du présent
réglement, chaque préfet adressera au ministre de l'intérieur tous les registres de son département, avec un
relevé général de lui certifié, et qui sera conforme au
modèle n°. 3.

6. Les préfets sont autorisés à mettre en réquisition
extraordinaire la gendarmerie nationale, pour la prompte
transmission des ordres relatifs à l'exécution du présent
réglement, et au prompt transport des registres des
diverses municipalités.

7. Les ministres sont chargés de l'exécution du présent réglement, qui sera inséré au Bulletin des lois.

Signé NAPOLÉON. Par l'Empereur : *Le secrétaire
d'Etat*, signé HUGUES B. MARET.

(*Suivent les Modèles.*)

N°. Ier.

RELEVÉ DES VOTES émis dans la municipalité
d   Arrondissement d
département d   sur la proposition
présentée à l'acceptation du Peuple par le Sénatus-
consulte organique du 28 Floréal an XII.

« Le peuple veut l'hérédité de la dignité impériale
» dans la descendance directe, naturelle, légitime et
» adoptive de NAPOLÉON BONAPARTE, et dans la
» descendance directe, naturelle et légitime de *Joseph*
» *Bonaparte* et de *Louis Bonaparte*, ainsi qu'il est réglé
» par le Sénatus - consulte organique du 28 floréal
» an XII. »

AUTORITÉS qui ont reçu les votes.	NOMBRE de Registres.	NOMBRE DES VOTES		TOTAL.
		par oui.	par non.	

Nº. 2.

RELEVÉ DES VOTES *émis dans l'Arrondissement*
d   *Département d*   *sur etc.*

(Voir le Nº. 1er.)

NOMS des Municipalités.	NOMBRE de Registres.	NOMBRE DES VOTES		TOTAL.
		par oui.	par non.	

Nº. 3.

RELEVÉ DES VOTES *émis dans l'Arrondissement*
d   *Département d*   *sur etc.*

(Voir le Nº. 1er.)

NOMS des Arrondissemens	NOMBRE de Registres.	NOMBRE DES VOTES		TOTAL.
		par oui.	par non.	

Certifié conforme,

Le Grand-Juge Ministre de la justice, REGNIER.

DÉCRET IMPÉRIAL contenant désignation des villes dont les Maires assisteront au serment de l'Empereur.

Au Palais de Saint-Cloud le 3 Messidor an XII.
(Bulletin des lois, N°. 6.)

NAPOLÉON, par la grâce de Dieu et les constitutions de la République, EMPEREUR DES FRANÇAIS;

Sur le rapport du ministre de l'intérieur; le conseil d'État entendu,

DÉCRÈTE:

ARTICLE PREMIER.

Les trente-six villes dont les maires assisteront au serment de l'Empereur, en exécution de l'article 52 du sénatus-consulte organique du 28 floréal an XII, sont fixées ainsi qu'il suit:

1. Paris.	16. Orléans.
2. Marseille.	17. Amiens.
3. Bordeaux.	18. Angers.
4. Lyon.	19. Montpellier.
5. Rouen.	20. Metz.
6. Turin.	21. Caen.
7. Nantes.	22. Alexandrie.
8. Bruxelles.	23. Clermont.
9. Anvers.	24. Besançon.
10. Gand.	25. Nancy.
11. Lille.	26. Versailles.
12. Toulouze.	27. Rennes.
13. Liége.	28. Genève.
14. Strasbourg.	29. Mayence.
15. Aix-la-Chapelle.	30. Tours.

31. Bourges.
32. Grenoble.
33. La Rochelle.

34. Dijon.
34. Reims.
36. Nice.

Le ministre de l'intérieur est chargé de l'exécution du présent décret, qui sera inséré au Bulletin des lois.

Signé N A P O L É O N. Par l'Empereur : *le secrétaire d'Etat*, signé HUGUES B. MARET,

---

DÉCRET IMPÉRIAL contenant nomi-nation de Grands Officiers de l'Empire.

Au Palais de Saint-Cloud, le 17 Messidor an XII.
(Bulletin des Lois, N°. 9.)

N A P O L É O N, EMPEREUR DES FRANÇAIS, nomme grands Officiers de l'Empire, avec les titres ci après désignés,

MM.

Le Vice-amiral *Bruix* , Inspecteur des côtes de l'Océan;

Le Vice-amiral *la Touche Tréville* , Inspecteur des côtes de la Méditerranée ;

Le général *Songis*, Inspecteur général de l'artillerie;

Le général *Marescot* , Inspecteur général du génie;

Le général *Gouvion-Saint-Cyr*, Colonel général des cuirassiers ;

Le colonel *Beauharnais* , Colonel général des chasseurs ;

Le général *Baraguay-d'Hilliers*, Colonel général des dragons ;

Le général *Junot*, Colonel général des hussards.

Signé N A P O L É O N. Par l'Empereur : *le secrétaire d'Etat*, signé HUGUES B. MARET.

DÉCRET IMPÉRIAL qui nomme
M. Regnaud de Saint-Jean-d'Angely *Procu-*
reur général de la Haute-Cour impériale.

Au Palais de Saint-Cloud le 17 Messidor an XII.

NAPOLÉON, EMPEREUR DES FRANÇAIS,
nomme Procureur général de la Haute Cour impériale
M. *Regnaud de Saint-Jean d'Angely*, Conseiller d'Etat,
Président de la section de l'intérieur.

Signé NAPOLÉON. Par l'Empereur : *le secrétaire*
d'Etat, signé HUGUES B. MARET.

———————

DÉCRET IMPÉRIAL sur la Presta-
tion de serment et le Couronnement de
l'Empereur.

Au Palais de Saint-Cloud, le 21 Messidor an XII.
(Bulletin des lois, N°. 9.)

NAPOLÉON, par la grâce de Dieu et les constitutions de la République, EMPEREUR DES FRANÇAIS;
Le Conseil d'Etat entendu,

DÉCRÈTE ce qui suit :

SECTION PREMIÈRE.

De la Prestation de serment et du Couronnement.

ARTICLE PREMIER.

La prestation de serment et le couronnement de
l'Empereur aura lieu le 18 brumaire prochain.

2. Une proclamation annoncera cette sollennité à tout l'Empire, et appellera ceux qui doivent y assister, aux termes du sénatus consulte organique du 28 floréal dernier, à se rendre à Paris avant le 10 brumaire.

3. Il leur sera, en outre, adressé des lettres closes par sa Majesté.

4. Les fonctionnaires publics convoqués feront connaître leur arrivée au grand maître des cérémonies, qui leur indiquera les lieux où ils devront se rendre pour la cérémonie.

5. La solennité de la prestation de serment et du couronnement aura lieu, en présence de l'impératrice, des princes et princesses, des grands dignitaires et de tous les fonctionnaires publics désignés au sénatus - consulte organique du 28 floréal, dans la chapelle des Invalides.

SECTION II.

De la Cérémonie qui aura lieu au Champ-de-Mars.

6. Après la solennité de la prestation de serment et du couronnement, sa Majesté l'Empereur se rendra au Champ-de-Mars.

7. Les gardes nationales de chaque département de l'Empire enverront à Paris un détachement de seize hommes avec un drapeau par détachement, dont moitié de fusiliers ou grenadiers, un quart de sous-officiers et un quart d'officiers.

8. Les arrondissemens maritimes, escadres, flotilles et vaisseaux armés de l'Empire, enverront cinquante détachemens de dix hommes avec un pavillon par détachement.

9. Chaque corps de troupe de l'armée et de toute arme enverra une députation de seize hommes, dont moitié de grenadiers, fusiliers, soldats, dragons, chasseurs ou cavaliers, un quart de sous-officiers, un quart d officiers, avec le drapeau, étendard ou guidon.

10. L'article précédent est applicable aux régimens d'artillerie de la marine.

11. L'arme du génie enverra trois députations de seize hommes chacune.

12. Les vingt-six légions de gendarmerie enverront chacune une députation de quatre hommes et un guidon.

13. Les invalides de l'hôtel de Paris et ceux des succursales de Louvain et Avignon enverront trois députations, dont la composition sera réglée par une instruction du ministre de la guerre.

14. Toutes ces députations prêteront successivement serment de fidélité et obéissance à sa Majesté l'Empereur.

15. Les députations des gardes nationales, celles des arrondissemens maritimes, et celles des corps ayant des drapeaux, guidons ou étendards, recevront de sa Majesté, pour leurs départemens ou régimens, un drapeau par département, un pavillon par détachement de la marine, et un drapeau, guidon ou étendard par bataillon ou escadron.

16. Les drapeaux des départemens resteront au chef-lieu, à l'hôtel de la Préfecture, sous la garde déjà réglée pour les préfets.

Ils n'en sortiront que portés par un officier nommé par l'Empereur ; ils seront déployés et montrés au peuple dans toutes les solennités.

17. Les pavillons seront répartis entre les arrondissemens maritimes, selon qu'il sera réglé, et déposés à l'hôtel de la marine, sous une garde d'honneur, aux chefs-lieux des sept arrondissemens, y compris Anvers, pour être confiés aux escadres, armées navales, flotilles ou autres armemens et expéditions, selon les ordres de l'Empereur. Au débarquement, ces pavillons seront rapportés à l'hôtel de la marine, où ils seront gardés dans la salle du conseil jusqu'à un nouvel armement.

18. Les drapeaux, étendards et guidons des corps, seront remis à chaque bataillon ou escadron. Ceux qui, par les événemens de la guerre, viendront à les perdre, n'en recevront de pareils que par une décision directe de sa Majesté, rendue après qu'il aura été reconnu qu'ils

n'ont pas été perdus par la faute du régiment. Les corps qui les auraient perdus par leur faute, n'en recevraient point d'autres de l'Empereur.

SECTION III.

Dispositions générales.

19. Tout ce qui est relatif aux cérémonies et aux fêtes du jour du couronnement, sera ultérieurement réglé.

20. Les ministres sont chargés, chacun en ce qui le concerne, de l'exécution du présent décret, qui sera inséré au Bulletin des lois.

Signé NAPOLÉON. Par l'Empereur : *le secrétaire d'État*, signé HUGUES B. MARET.

DÉCRET IMPÉRIAL sur la Décoration des Membres de la Légion d'honneur.

Au Palais de Saint-Cloud, le 22 Messidor an XII.

NAPOLÉON, EMPEREUR DES FRANÇAIS,

DÉCRÈTE ce qui suit :

ARTICLE PREMIER.

La décoration des membres de la Légion d'honneur consistera dans une étoile à cinq rayons doubles.

2. Le centre de l'étoile, entouré d'une couronne de chêne et de laurier, présentera d'un côté la tête de l'Empereur, avec cette légende, *Empereur des Français*; et de l'autre, l'aigle français tenant la foudre, avec cette légende, *Honneur et Patrie*.

3. La décoration sera émaillée de blanc.

Elle sera en or pour les grands officiers, les commandans et les officiers, et en argent pour les légionnaires; on la portera à une des boutonnières de l'habit, et attachée à un ruban moiré rouge.

4. Tous les membres de la Légion d'honneur porteront toujours leur décoration.

L'Empereur seul portera indistinctement l'une ou l'autre décoration.

5. Les grands officiers et légionnaires, recevront leur décoration en même temps que leur diplome, dans les séances extraordinaires déterminées par les articles 7 et 17 de l'arrêté du 13 messidor an X.

Ils la porteront néanmoins sans attendre une de ces séances, lorsque le grand chancelier l'aura adressée pour eux, et d'après un ordre particulier de sa Majesté impériale, au chef de la cohorte, ou à un autre grand officier, commandant ou officier, délégué à cette effet par ordre de l'Empereur.

6. Toutes les fois que le grand officier, le commandant, l'officier ou le légionnaire pour lequel cette délégation aura lieu, appartiendra à un corps civil et militaire, la décoration lui sera remise, au nom de l'Empereur, en présence du corps assemblé.

Signé N A P O L É O N. Par l'Empereur: *le secrétaire d'Etat,* signé HUGUES B. MARET.

DÉCRET IMPÉRIAL relatif aux Cérémonies publiques, Préséances, Honneurs civils et militaires.

Au Palais de Saint-Cloud, le 24 Messidor an XII.
(Bulletin des lois, N°. 10.)

NAPOLÉON, par la grâce de Dieu et les constitutions de l'Empire, EMPEREUR DES FRANÇAIS;

Le Conseil d'État entendu,

DÉCRÈTE:

PREMIÈRE PARTIE.

Des Rangs et Préséances.

TITRE PREMIER.

Des Rangs et Séances des diverses autorités dans les Cérémonies publiques.

SECTION PREMIÈRE.

Dispositions générales.

ARTICLE PREMIER.

Ceux qui, d'après les ordres de l'EMPEREUR, devront assister aux cérémonies publiques, y prendront rang et séance dans l'ordre qui suit :
Les Princes français;
Les grands Dignitaires;
Les Cardinaux;
Les Ministres;

Les grands-officiers de l'Empire;

Les Sénateurs dans leur sénatorerie;

Les Conseillers-d'Etat en mission;

Les Grands-officiers de la légion d'honneur lorsqu'ils n'auront point de fonctions publiques qui leur assignent un rang supérieur;

Les Généraux de division commandant une division territoriale dans l'arrondissement de leur commandement;

Les premiers Présidens des cours d'appel;

Les Archevêques;

Le Président du collége électoral de département, pendant la tenue de la session, et pendant les dix jours qui précèdent l'ouverture et qui suivent la clôture;

Les Préfets;

Les Présidens des cours de justice criminelle;

Les Généraux de brigade commandant un département;

Les Evêques;

Les Commissaires-généraux de police;

Le Président du collége électoral d'arrondissement, pendant la tenue de la session, et pendant les dix jours qui précèdent l'ouverture et qui suivent la clôture;

Les sous-Préfets;

Les Présidens des tribunaux de première instance;

Le Président du tribunal de commerce;

Les maires;

Les Commandans d'armes;

Les Présidens des consistoires.

Les Préfets Conseillers d'Etat prendront leur rang de conseillers d'Etat.

Lorsqu'en temps de guerre, ou pour toute autre raison, S. M. jugera à propos de nommer des gouverneurs de places fortes, le rang qu'ils doivent avoir, sera réglé.

2. Le Sénat, le Conseil d'Etat, le Corps législatif, le Tribunat, la Cour de Cassation, n'auront rang et

séance

séance que dans les cérémonies publiques auxquelles ils auront été invités par lettres closes de S. M.

Il en sera de même des Corps administratifs et judiciaires, dans les villes où l'EMPEREUR sera présent.

Dans les autres villes, les corps prendront les rangs réglés ci-après.

3. Dans aucun cas, les rangs et honneurs accordés à un corps n'appartiendront individuellement aux membres qu'ils composent.

4. Lorsqu'un corps ou un des fonctionnaires dénommés dans l'article 1er. invitera, dans le local destiné à l'exercice de ses fonctions, d'autres corps ou fonctionnaires publics pour y assister à une cérémonie, le corps ou le fonctionnaire qui aura fait l'invitation, y conservera sa place ordinaire; et les fonctionnaires invités garderont entr'eux les rangs assignés par l'article premier du présent titre.

SECTION II.

Des invitations aux Cérémonies publiques.

5. Les ordres de l'EMPEREUR pour la célébration des cérémonies publiques seront adressés aux Archevêques et Evêques, pour les cérémonies religieuses; et aux Préfets, pour les cérémonies civiles.

6. Lorsqu'il y aura dans le lieu de la résidence du fonctionnaire auquel les ordres de l'EMPEREUR seront adressés, une ou plusieurs personnes désignées avant lui dans l'art. 1er., celui qui aura reçu lesdits ordres se rendra chez le fonctionnaire auquel la préséance est due, pour convenir du jour et de l'heure de la cérémonie.

Dans le cas contraire, ce fonctionnaire convoquera chez lui, par écrit, ceux des fonctionnaires placés après lui dans l'ordre des préséances, dont le concours sera nécessaire pour l'exécution des ordres de l'EMPEREUR.

SECTION III.

De l'ordre suivant lequel les autorités marcheront dans les Cérémonies publiques.

7. Les autorités appelées aux cérémonies publiques se réuniront chez la personne qui doit y occuper le premier rang.

8. Les Princes, les Grands dignitaires de l'Empire, et les autres personnes désignées en l'art. 1er. de la section 1re. du présent titre, marcheront dans les cérémonies suivant l'ordre des préséances indiqué audit article; de sorte que la personne à laquelle la préséance sera due, ait toujours à sa droite celle qui doit occuper le second rang; à sa gauche, celle qui doit occuper le troisième, et ainsi de suite.

Ces trois personnes forment la première ligne du cortège ;

Les trois personnes suivantes, la deuxième ligne.

Les corps marcheront dans l'ordre suivant:

Les membres des cours d'appel;

Les officiers de l'Etat-Major de la division, non compris deux aides de camp du général qui le suivront immédiatement ;

Les membres des cours criminelles;

Les Conseils de Préfectures , non compris le secrétaire général, qui accompagnera le Préfet;

Les membres des tribunaux de première instance;

Le corps municipal;

Les officiers de l'Etat Major de la place ;

Les membres du tribunal de commerce ;

Les Juges de paix;

Les Commissaires de police.

SECTION IV.

De la manière dont les diverses autorités seront placées dans les Cérémonies.

9. Il y aura au centre du local destiné aux cérémonies civiles et religieuses, un nombre de fauteuils égal à celui des Princes, dignitaires ou membres des autorités nationales présens, qui auront droit d'y assister. Aux cérémonies religieuses, lorsqu'il y aura un Prince ou un Grand Dignitaire, on placera devant lui un prie-dieu avec un tapis et un carreau; en l'absence de tout Prince, Dignitaire ou membre des autorités nationales, le centre sera réservé, et personne ne pourra s'y placer.

Les Généraux de division commandant les divisions territoriales,

Les premiers Présidens des cours d'appel, et les Archevêques, seront placés à droite;

Les Préfets,

Les Présidens des cours criminelles,

Les Généraux de brigade commandant les départemens,

Les Evêques, seront placés à gauche;

Le reste du cortège sera placé en arrière.

Les Préfets Conseillers d'Etat prendront leur rang de Conseiller d'Etat.

Ces fonctionnaires garderont entre eux les rangs qui leur sont respectivement attribués.

10. Lorsque, dans les cérémonies religieuses, il y aura impossibilité absolue de placer dans le chœur de l'église la totalité des membres des corps invités, lesdits membres seront placés dans la nef, et dans un ordre analogue à celui des chefs.

11. Néanmoins, il sera réservé, de concert avec les Evêques ou les curés et les autorités civiles et militaires, le plus de stalles qu'il sera possible; elles seront destinées de préférence aux Présidens et Procureurs impériaux des

6 *

cours ou tribunaux , aux principaux officiers de l'Etat-Major de la division et de la place, à l'officier supérieur de gendarmerie, et aux doyen et membres des Conseils de Préfecture.

12. La cérémonie ne commencera que lorsque l'autorité qui occupera la prémière place aura pris séance.

Cette autorité se retirera la première.

13. Il sera fourni aux autorités réunies pour les cérémonies, des escortes de troupes de ligne ou de gendarmerie, selon qu'il sera réglé au titre des honneurs militaires.

SECONDE PARTIE.

Des honneurs militaires et civils.

TITRE II.

Saint-Sacrement.

ARTICLE PREMIER.

Dans les villes où, en exécution de l'art. XLV de la loi du 18 germinal an X, les cérémonies religieuses pourront avoir lieu hors des édifices consacrés au culte catholique, lorsque le Saint-Sacrement passera à la vue d'une garde ou d'un poste, les sous-officiers et soldats prendront les armes , les présenteront , mettront le genou droit en terre, inclineront la tête, porteront la main droite au chapeau, mais resteront couverts. Les tambours battront aux champs. Les officiers se mettront à la tête de leur troupe, salueront de l'épée, porteront la main gauche au chapeau, mais resteront couverts. Le drapeau saluera.

Il sera fourni , du premier poste devant lequel passera le Saint-Sacrement , au moins deux fusiliers pour son escorte. Ces fusiliers seront relevés de poste en poste, marcheront couverts près du Saint-Sacrement, l'arme dans le bras droit.

Les gardes de cavalerie monteront à cheval, mettront le sabre à la main, les trompettes sonneront la marche, les officiers, les étendards et guidons salueront.

2. Si le Saint-Sacrement passe devant une troupe sous les armes, elle agira ainsi qu'il vient d'être ordonné aux gardes ou postes.

3. Une troupe en marche fera halte, se formera en bataille, et rendra les honneurs prescrits ci-dessus.

4. Aux processions du Saint-Sacrement, les troupes seront mises en bataille sur les places où la procession devra passer. Le poste d'honneur sera à la droite de la porte de l'église par laquelle la procession sortira. Le régiment d'infanterie qui portera e premier numéro prendra la droite; celui qui portera le second, la gauche; les autres régimens se formeront ensuite alternativement à droite et à gauche : les régimens d'artillerie à pied occuperont le centre de l'infanterie.

Les troupes à cheval viendront après l'infanterie. Les carabiniers prendront la droite, puis les cuirassiers, ensuite les dragons, chasseurs et hussards.

Les régimens d'artillerie à cheval occuperont le centre des troupes à cheval.

La gendarmerie marchera à pied entre les fonctionnaires publics et les assistans.

Deux compagnies de grenadiers escorteront le Saint-Sacrement; elles marcheront en file, à droite et à gauche du dais. A défaut de grenadiers, une escorte sera fournie par l'artillerie ou par des fusiliers, et à défaut de ceux-ci par des compagnies d'élite des troupes à cheval, qui feront le service à pied.

La compagnie du régiment portant le premier numéro occupera la droite du dais; celle du second, la gauche.

Les officiers resteront à la tête des files. Les sous-officiers et soldats porteront le fusil sur le bras droit.

5. L'artillerie fera trois salves pendant le temps que durera la procession, et mettra en bataille sur les places, ce qui ne sera pas nécessaire pour la manœuvre du canon.

Décret Impérial,

TITRE III.

Sa Majesté Impériale.

SECTION PREMIÈRE.

Honneurs militaires.

ARTICLE PREMIER.

Lorsque Sa Majesté Impériale devra entrer dans une place, toute la garnison prendra les armes. La moitié de l'infanterie sera mise en bataille sur le glacis, à droite et à gauche de la porte par laquelle Sa Majesté devra entrer, et l'autre moitié sur les places que Sa Majesté devra traverser ; les sous officiers et soldats présenteront les armes ; les officiers et les drapeaux salueront, les tambours battront aux champs.

Toute la cavalerie ira au-devant de Sa Majesté Impériale jusqu'à une demi-lieue de la place, et l'escortera jusqu'à son logis.

Les officiers et les étendards salueront.

Les trompettes sonneront la marche.

2. Lorsque Sa Majesté Impériale arrivera dans un camp, si l'on a été prévenu de son arrivée, toutes les troupes se mettront en bataille en avant du front de bandière, et rendront les honneurs prescrits article premier. La plus ancienne brigade de cavalerie se portera au-devant de Sa Majesté Impériale jusqu'à une demie-lieue du camp : les gardes et piquets prendront les armes ou monteront à cheval.

3. Dans le cas où Sa Majesté Impériale arrivera ou passera inopinément dans un camp, les gardes et piquets prendront les armes ou monteront à cheval ; les officiers se porteront promptement sur le front de bandière ; les sous-officiers et soldats s'y rendront de même avec promptitude et sans armes; ils s'y formeront en bataille et y resteront jusqu'à nouvel ordre.

4. On regardera comme le poste d'honneur le côté qui sera à droite en sortant du logis de Sa Majesté Impériale ; mais si l'EMPEREUR ne loge pas dans la place, et qu'il ne fasse que la traverser, le poste d'honneur sera à la droite de la porte de la ville par laquelle Sa Majesté Impériale entrera.

5. Les officiers-généraux employés, s'il y en a dans la place, se mettront à la tête des troupes.

Le Gouverneur de le place, s'il en a été nommé un pour commander en cas de siége, le commandant d'armes et les autres officiers de l'Etat-Major de la Place se trouveront à la première barrière pour en présenter les clés à Sa Majesté Impériale.

6. Le maire et les adjoints accompagnés par une garde d'honneur de trente hommes au moins, fournie par la garde nationale sédentaire, se rendront à cinq cents pas environ hors de la place pour présenter les clés de la ville à Sa Majesté.

7. Il sera fait trois salves de toute l'artillerie de la place après que Sa Majesté Impériale aura passé les ponts.

Il en sera de même de toute l'artillerie d'un camp de paix, et non à la guerre, à moins d'un ordre formel.

8. Si Sa Majesté Impériale s'arrête dans la place ou dans le camp, et quoique les troupes de sa garde soient près de sa personne, les régimens d'infanterie de la garnison, à commencer par le premier numéro, fourniront chacun à leur tour, une garde composée d'un bataillon avec son drapeau, et commandée par le colonel.

9. Il sera mis pareillement devant le logis de Sa Majesté Impériale, un escadron de cavalerie de la garnison, commandé par le colonel. Cet escadron fournira deux vedettes, le sabre à la main, devant la porte de Sa Majesté. Les escadrons de la garnison le releveront chacun à leur tour, suivant l'ordre prescrit, art. 4 du titre 2.

10. Dès que l'EMPEREUR sera arrivé, les Colonels qui commanderont ladite garde, prendront les ordres et la consigne du Grand maréchal de la Cour ou de celui qui en fera les fonctions. Si Sa Majesté Impériale conserve tout ou partie de cette garde, elle sera particulièrement destinée à fournir des sentinelles autour du logis de Sa Majesté.

11. Lorsque Sa Majesté Impériale sortira de la place, l'infanterie sera disposée ainsi qu'il est dit, art. 1er.

La cavalerie se portera sur son passage hors la place pour la suivre jusqu'à une demi-lieue de la barrière.

Dès que Sa Majesté Impériale en sera sortie, on la saluera par trois décharges de toute l'artillerie.

12. Si Sa Majesté Impériale passe devant des troupes en bataille, l'infanterie présentera les armes, les officiers salueront, ainsi que les drapeaux; les tambours battront aux champs. Dans la cavalerie, les étendards, les guidons et les officiers salueront; les trompettes sonneront la marche.

13. Si Sa Majesté Impériale passe devant une troupe en marche, cette troupe s'arrêtera, se formera en bataille, si elle n'y est pas, et rendra à Sa Majesté les honneurs prescrits ci-dessus.

14. Si Sa Majesté Impériale passe devant un corps-de-garde, poste ou piquet, les troupes prendront les armes et les présenteront; les tambours battront aux champs.

La cavalerie montera à cheval et mettra le sabre à la main; les trompettes sonneront la marche.

Les officiers salueront de l'épée ou du sabre.

Les sentinelles présenteront les armes.

15. Pendant le temps que Sa Majesté Impériale restera dans une place ou camp, elle donnera le mot d'ordre. Si le ministre de la guerre est présent, c'est lui qui recevra l'ordre et le rendra aux troupes; en son absence, ce sera le Colonel-général de la garde de service; à moins que le corps de troupe ne soit con-

mandé par un Maréchal de l'Empire, qui dans ce cas le recevra directement.

16. Lorsque Sa Majesté Impériale recevra les officiers de la garnison ou du camp, chaque corps lui sera présenté, en l'absence du Connétable et du Ministre de la guerre, par le Colonel-général de la garde de service à qui les corps s'adresseront à cet effet.

17. Lors des voyages de l'EMPEREUR, la gendarmerie nationale de chaque arrondissement sur lequel Sa Majesté passera, se portera sur la grande route, au point le plus voisin de sa résidence, et s'y mettra en bataille.

18. Un officier supérieur ou subalterne de gendarmerie, pris parmi ceux employés dans le département, pourra précéder à cheval immédiatement la voiture de Sa Majesté. Cette voiture pourra être immédiatement suivie par deux officiers ou sous-officiers de la gendarmerie du département, marchant après le piquet de la garde.

19. Lorsque le Général de la division dans laquelle l'EMPEREUR se trouvera, accompagnera Sa Majesté, il se placera et marchera près la portière de gauche ; les autres places autour de la voiture de Sa Majesté seront occupées par les officiers du Palais ou de la garde impériale, et autres personnes que Sa Majesté aura spécialement nommées pour l'accompagner.

20. Il ne sera rendu aucuns honneurs, ni civils ni militaires, à aucun officier civil ou militaire à Paris, et dans les lieux où se trouvera l'EMPEREUR, pendant tout le tems de sa résidence et pendant les vingt-quatre heures qui précéderont son arrivée et les vingt-quatre heures qui suivront son départ.

SECTION II.

Honneurs civils.

21. Dans les voyages que Sa Majesté fera, et qui

auront été annoncés par les Ministres, sa réception aura lieu de la manière suivante.

22. Le Préfet viendra, accompagné d'un détachement de gendarmerie et de la garde nationale du canton, la recevoir sur la limite du département.

Chaque sous-Préfet viendra pareillement la recevoir sur la limite de son arrondissement.

Les maires des communes l'attendront, chacun sur la limite de leurs municipalités respectives : ils seront accompagnés de leurs adjoints, du conseil municipal et d'un détachement de la garde nationale.

23. A l'entrée de l'EMPEREUR dans chaque commune, toutes les cloches sonneront, si l'église se trouve sur son passage, le curé ou desservant se tiendra sur la porte, en habits sacerdotaux, avec son clergé.

24. Dans les villes où Sa Majesté s'arrêtera ou séjournera, les autorités et les fonctionnaires civils et judiciaires seront avertis de l'heure à laquelle l'EMPEREUR leur accordera audience, et présentés à Sa Majesté par l'officier du Palais à qui ces fonctions sont attribuées.

25. Ils seront admis devant elle dans l'ordre des préséances établi article 1er. de la première partie.

26. Tous fonctionnaires ou membres de corporation non compris dans l'article précité, ne seront point admis, s'il ne sont mandés par ordre de Sa Majesté Impériale ou sans sa permission spéciale.

27. Lorsque Sa Majesté Impériale aura séjourné dans une ville, les mêmes autorités qui l'auront reçue à l'entrée se trouveront à sa sortie, pour lui rendre leurs hommages, si elle sort de jour.

28. Les honneurs soit civils, soit militaires à rendre à l'Impératrice sont les mêmes que ceux qui seront rendus à l'EMPEREUR, à l'exception de la présentation des clés, et de tout ce qui est relatif au commandement et au mot d'ordre.

TITRE IV.

Prince Impérial.

ARTICLE PREMIER.

Les honneurs à rendre au Prince Impérial, lorsqu'il n'accompagnera pas Sa Majesté l'EMPEREUR, seront déterminés par un décret particulier; il en sera de même de ceux à lui rendre quand l'EMPEREUR sera présent.

Le Régent.

2. Le Régent recevra les mêmes honneurs que les Princes français.

TITRE V.

Princes Français.

SECTION PREMIÈRE.

Honneurs militaires.

ARTICLE PREMIER.

Les honneurs d'entrée et de sortie d'une place ou d'un camp, qui doivent être rendus aux Princes, aux Grands Dignitaires, Ministres, Grands-officiers de l'Empire, en vertu des dispositions contenues dans les titres suivans, ne le seront jamais qu'en exécution d'un ordre spécial, adressé par le Ministre de la guerre aux généraux commandans les divisions ou les armées.

2. Quand les Princes passeront dans une place, toute la garnison prendra les armes; un quart de l'infanterie sera mise en bataille hors de la porte par laquelle ils devront entrer; le reste sera disposé sur les places qu'ils devront traverser, et présentera les armes au moment de leur passage.

Moitié de la cavalerie ira au-devant d'eux jusqu'à un quart de lieu de la place, et les escortera jusqu'à leur logis; le reste de la cavalerie sera mis en bataille sur leur passage.

Les drapeaux, étendards ou guidons, et les officiers supérieurs salueront.

L'état-Major les recevra à la barrière, mais ne leur présentera pas les clés; cet honneur étant uniquement réservé à Sa Majesté Impériale.

3. Ils seront salués à leur entrée et à leur sortie de la place, par vingt-un coups de canon.

4. Ils auront une garde de cent hommes avec un drapeau, commandée par un capitaine, un lieutenant et un sous-lieutenant. La garde sera à leur logis avant leur arrivée. Elle sera fournie le premier jour par le régiment qui portera le premier numéro, et ensuite par les autres à tour de rôle.

5. Quand les Princes arriveront dans un camp, si l'on a été prévenu du moment de leur arrivée, l'infanterie et la cavalerie se mettront en bataille, en avant du front de bandière, le plus ancien régiment de cavalerie se portera au-devant d'eux, les gardes et les piquets prendront les armes et monteront à cheval.

6. Dans le cas où les Princes arriveront ou passeront inopinément dans un camp, les gardes ou piquets prendront les armes ou monteront à cheval; les officiers se porteront promptement sur le front de bandière, les sous officiers et soldats sortiront de leurs tentes et borderont la haie dans la rue du camp, et y resteront jusqu'à nouvel ordre.

7. Si les Princes arrivent devant une troupe en bataille, l'infanterie présentera les armes; la cavalerie mettra le sabre à la main; les officiers supérieurs, les drapeaux, étendards ou guidons salueront; les tambours battront aux champs; les trompettes sonneront la marche.

8. Si les Princes passent devant une troupe en mar-

che, la troupe s'arrêtera, se formera en bataille si elle n'y est point, et rendra les honneurs ci-dessus prescrits.

9. S'ils passent devant un corps-de-garde, poste ou piquet, les soldats prendront les armes et les porteront; les tambours battront aux champs; la cavalerie montera à cheval et mettra le sabre à la main; les trompettes sonneront la marche; les sentinelles présenteront les armes.

10. Il leur sera fait des visites de corps en grande tenue; l'officier-général le plus élevé en grade, ou à son défaut le commandant de la place, prendra leurs ordres pour la réception des corps, et les présentera.

Le mot d'ordre sera porté aux Princes par un officier de l'état-major-général de l'armée, et, dans les places, par un adjudant de place.

11. Lorsque les Princes feront partie du corps de troupes qui composeront un camp ou formeront une garnison, ils ne recevront plus, à dater du lendemain de leur arrivée jusqu'à la veille de leur départ, que les honneurs dus à leur grade militaire.

12. Lorsque les Princes quitteront une place ou un camp, ils recevront les mêmes honneurs qu'à leur entrée.

SECTION II.

Honneurs civils.

13. Lorsque les Princes voyageront dans les départemens, et qu'il aura été donné avis officiel de leur voyage par les Ministres, il leur sera rendu les honneurs ci-après.

14. Les Maires et Adjoints les recevront à environ deux cent cinquante pas en avant de l'entrée de leur commune, et si les Princes doivent s'y arrêter ou y séjourner, les Maires les conduiront au logement qui leur aura été destiné. Dans les villes, un détachement de la garde nationale ira à leur rencontre à deux cent cinquante pas en avant du lieu où le Maire les attendra.

15. Dans les chefs-lieux de département ou d'arron-

dissement , les Préfets ou sous-Préfets se rendront à la porte de la ville pour les recevoir.

16. Ils seront complimentés par les fonctionnaires et autorités mentionnées au titre premier, article premier.

Les Cours d'Appel s'y rendront seulement par députation composée du premier Président, du Procureur-général-impérial, et de la moitié des juges. Les autres Cours et Tribunaux s'y rendront en corps.

17. Lorsqu'ils sortiront d'une ville dans laquelle ils auront séjourné, les Maires et Adjoints se trouveront à la porte par laquelle ils devront sortir accompagnés d'un détachement de la garde nationale.

TITRE VI.

Les Grands Dignitaires de l'Empire.

Les Grands Dignitaires de l'Empire recevront dans les mêmes circonstances, les mêmes honneurs civils et militaires que les Princes.

TITRE VII.

Des Ministres.

SECTION PREMIÈRE.

Honneurs militaires.

ARTICLE PREMIER.

Les Ministres recevront les honneurs suivans :
1°. Ils seront salués de quinze coups de canon.
2°. Un escadron de la cavalerie ira à leur rencontre à un quart de lieue de la place : elle sera commandée par un Officier supérieur, et les escortera jusqu'à leur logis. Ils seront salués par les Officiers supérieurs et

les étendards de cet escadron, et les trompettes sonneront la marche.

3°. La garnison prendra les armes, sera rangée sur les places qu'ils devront traverser, et présentera les armes au moment de leur passage.

4°. Ils auront une Garde d'Infanterie, composée de 60 hommes avec un drapeau, commandée par un Capitaine et un Lieutenant: cette garde sera placée avant leur arrivée. Le Commandant de la place ira les recevoir à la barrière.

Le tambour de la garde battra aux champs, et la troupe présentera les armes.

5°. Les postes, gardes ou piquets d'infanterie devant lesquels ils passeront, prendront et porteront les armes; ceux de cavalerie monteront à cheval, et mettront le sabre à la main; les sentinelles présenteront les armes; les Tambours battront aux champs; les Trompettes sonneront la marche.

6°. Il leur sera fait des visites de corps en grande tenue.

7°. Ils seront salués et reconduits à leur sortie, ainsi qu'il a été dit pour leur entrée.

2. Le Ministre de la guerre recevra de plus les honneurs suivans:

Il sera tiré, pour le ministre de la guerre, dix-neuf coups de canon.

Le quart de la cavalerie ira jusqu'à une demi-lieue au-devant de lui.

Sa garde sera composée de quatre-vingts hommes, commandés par trois Officiers, et sera composée de grenadiers.

Il sera tiré, pour le Ministre-Directeur, dix-sept coups de canon. Sa garde sera de quatre-vingts hommes, commandée par trois Officiers, mais composée de fusiliers.

Le Ministre de la guerre aura un Officier d'ordonnance de chaque corps. Cet Officier sera pris parmi les Lieutenans. Le Ministre-Directeur en aura un aussi de chaque corps, pris parmi les Sous-lieutenans.

Le Ministre de la guerre donnera le mot d'ordre en l'absence de l'EMPEREUR. Il sera porté au ministre-directeur, au camp par un Officier d'Etat-major, et dans les places par un Adjudant de place.

Le Ministre de la Marine recevra dans les chef-lieux d'arrondissement maritime, les mêmes honneurs que le Ministre de la guerre.

SECTION II.

Honneurs civils.

3. Les ministres recevront dans les villes de leur passage, les mêmes honneurs que les grands Dignitaires de l'Empire, sauf les exceptions suivantes :

Les Maires, pour les recevoir, les attendront à la porte de la ville.

Le détachement de la garde nationale ira au-devant d'eux à l'entrée du faubourg, ou, s'il n'y en a point, à cent cinquante pas en avant de la porte.

4. Les Cours d'appel les visiteront par une députation composée d'un président, du Procureur-général, ou substitut, du quart des juges.

Les autres Cours et Tribunaux s'y rendront par députation, composée de la moitié de la Cour ou du Tribunal.

Pour le Grand-juge Ministre de la justice, les députations des Tribunaux seront semblables à celles déterminées pour les Princes et grands Dignitaires.

Les Maires et adjoints iront, au moment de leur départ, prendre congé d'eux dans leur logis.

TITRE VIII.

Les grands Officiers d'Empire.

SECTION PREMIÈRE.

Honneurs militaires.

ARTICLE PREMIER.

Les Maréchaux d'Empire dont les voyages auront été

annoncés

annoncés par le Ministre de la guerre, recevront, dans l'étendue de leur commandement, les honneurs suivans:

1°. Ils seront salués de treize coups de canons.

2°. Un escadron ira à leur rencontre à un quart de lieue de la place, et les escortera jusqu'à leur logis; ils seront salués par les Officiers supérieurs et l'étendard de cet escadron; les Trompettes sonneront la marche.

3°. La garnison prendra les armes et sera rangée sur les places qu'ils devront traverser, et présentera les armes. Les Officiers supérieurs, étendards et drapeaux salueront.

4°. Ils auront une garde de cinquante hommes, commandée par un capitaine et un Lieutenant. Elle sera placée avant leur arrivée, et aura un drapeau. Le Commandant de la place ira les recevoir à la barrière.

5°. Les postes, gardes et piquets sortiront, porteront les armes, ou monteront à cheval; les sentinelles présenteront les armes les Tambours battront aux champs, et les Trompettes sonneront la marche.

6°. Il leur sera fait des visites de Corps en grande tenue: ils donneront le mot d'ordre:

7°. A leur sortie, ils seront traités comme à leur entrée.

2. Les Maréchaux d'Empire voyageant hors de leur commandement, et dont le voyage aura été annoncé par le Ministre de la guerre, recevront les honneurs prescrits article premier, mais avec les modifications suivantes:

Ils ne seront salués que de onze coups de canons; une seule compagnie de cavalerie, commandée par le Capitaine, ira à leur rencontre.

Le Commandant de la place ira les recevoir chez eux. Le mot d'ordre leur sera porté au camp par un Officier de l'État-major, et dans les places par un Adjudant de place.

3. Les Grands-officiers d'Empire, Colonels ou Inspecteurs-généraux, recevront les honneurs suivans:

Il seront reçus comme les maréchaux d'Empire, voya-

Code Impérial. 7.

geant hors de leur commandement, avec cette différence
que les troupes ne présenteront point les armes, que les
Officiers supérieurs et drapeaux ne salueront point, et
qu'il ne sera tiré que sept coups de canon ; mais ils trouveront tous les corps de leur arme en bataille devant leur
logis : ces corps les salueront, et laisseront une vedette
si c'est de la cavalerie, et une sentinelle si c'est de l'infanterie.

4. Les Grands officiers civils seront reçus comme les
Grands-officiers de l'Empire, Colonels ou Inspec eurs-
généraux ; mais ils ne seront salués que de cinq coups de
canon, et leur garde ne sera placée qu'après leur arrivée.

5. Lorsque les Colonels, Inspecteurs-généraux et les
autres Grands-officiers civils feront partie d'un camp
ou d'une garnison, ils ne recevront plus à dater du
lendemain de leur arrivée, et jusqu'à la veille de leur
départ, que les honneurs affectés à leur grade militaire.

Ils recevront, le jour de leur départ, les mêmes honneurs qu'à celui de leur arrivée.

SECTION II.

Honneurs civils.

6. Les Grands-officiers de l'Empire recevront les honneurs suivans :

Les maires et adjoints se trouveront à leur logis avant
leur arrivée.

Ils trouveront à l'entrée de la ville un détachement
de la garde nationale sous les armes.

Les Cours d'appel, autres cours et tribunaux se rendront chez eux de la même manière que chez les ministres.

Les maires et adjoints iront prendre congé d'eux dans
leur logis, au moment de leur départ.

7. Les maréchaux d'Empire recevront, dans l'étendue
de leur commandement, les mêmes honneurs civils que
les ministres.

TITRE IX.

Le Sénat.

SECTION PREMIÈRE.

Honneurs militaires.

ARTICLE PREMIER.

Lorsque le sénat en corps se rendra chez Sa Majesté Impériale, ou à quelque cérémonie, il lui sera fourni une garde de cent hommes à cheval, qui seront divisés en avant, en arrière et sur les flancs du cortège; à défaut de cavalerie, cette garde sera fournie par l'infanterie.

2. Les corps-de-garde, postes ou piquets prendront les armes ou monteront à cheval à son passage.

3. S'il passe devant une troupe en bataille, les Officiers supérieurs salueront.

4. Les sentinelles présenteront les armes; et les Tambours rappelleront.

5. Lorsque les sénateurs voudront faire leur entrée d'honneur dans le chef-lieu de leur sénatorerie, ce qu'ils ne pourront faire qu'une fois seulement: le ministre de la guerre donnera ordre de leur rendre les honneurs suivans:

6. Ils entreront dans une place en voiture, accompagnés de leur suite.

7. Le Commandant de la place, se trouvera à la barrière pour les recevoir et les accompagner.

8. Les troupes seront en bataille sur leur passage;

Les Officiers supérieurs salueront;

Les Tambours rappelleront;

On tirera cinq coups de canon, et de même à leur sortie.

9. Il sera envoyé au-devant d'eux, à un quart de

7 *

lieue, un détachement de vingt hommes de cavalerie, commandé par un Officier, avec un Trompette, qui les escortera jusqu'à leur logis. Outre ce détachement, il sera envoyé à leur rencontre quatre brigades de gendarmerie, commandées par un Lieutenant. Le Capitaine de la gendarmerie se trouvera à la porte de la ville et les accompagnera.

10. Il leur sera donné une garde de trente hommes, commandée par un Lieutenant; le Tambour rappellera.

Il sera placé deux sentinelles à la porte de leur logis.

11. Les postes ou gardes devant lesquels ils passeront prendront et porteront les armes, ou monteront à cheval; les Tambours ou Trompettes rappelleront; les sentinelles présenteront les armes.

12. Il leur sera fait des visites de corps.

13. Les honneurs attribués par les articles 6, 7 et 8, leur seront rendus lors de leur première entrée dans toutes les places de l'arrondissement de leur sénatorerie. Toutes les fois qu'ils viendront dans le chef-lieu, après leur première entrée, on leur rendra les honneurs prescrits articles 10, 11 et 12.

14. Les sentinelles feront face et présenteront les armes à tout sénateur qui passera à leur portée, revêtu de son costume.

SECTION II.

Honneurs civils.

15. Les Sénateurs allant prendre possession de leur sénatorerie, recevront dans les villes du ressort du tribunal d'appel, dans l'étendue duquel elle sera placée et où ils s'arrêteront, les honneurs suivans:

Un détachement de la garde nationale sera sous les armes à la porte de la ville.

Les maires et adjoints se trouveront à leur logis avant leur arrivée.

Ils seront visités, immédiatement après leur arrivée

par toutes les autorités nommées après eux dans le titre *des préséances.*

Les cours d'appel s'y rendront par une députation composée d'un président, du procureur-général et de quatre juges. Les autres cours et tribunaux par une députation composée de la moitié de la cour ou tribunal.

S'ils séjournent vingt-quatre heures dans la ville, ils rendront en la personne des chefs des autorités ou corps dénommés dans le titre premier, les visites qu'ils auront reçues.

Les maires et adjoints iront prendre congé d'eux, au moment de leur départ.

16. S'il se trouve dans la ville où le Sénateur s'arrêtera, une personne ou une autorité nommée avant lui dans l'ordre des préséances, il ira lui faire une visite, dès qu'il aura reçu celles qui lui sont dues.

17. Les Sénateurs venant dans leur sénatorerie faire leur résidence annuelle, ne recevront d'honneurs civils que dans le chef-lieu de leur sénatorerie. Ils trouveront un détachement de la garde nationale à leur porte, les maires et adjoints dans leur logis. Les personnes ou autorités nommées après eux dans l'ordre des préséances, les visiteront dans les vingt-quatre heures; et ils rendront ces visites dans les vingt-quatre heures suivantes.

TITRE X.

Le Conseil d'État.

SECTION PREMIÈRE.

Honneurs militaires.

ARTICLE PREMIER.

Les Conseillers d'Etat en mission recevront dans les chefs-lieux des départemens où leur mission les appellera, d'après les ordres que le ministre de la guerre donnera, les honneurs attribués aux Sénateurs lors de leur première entrée dans leur sénatorerie.

2. Il leur sera rendu, dans les autres places de l'arrondissement où ils seront en mission, les honneurs fixés pour le Sénateurs par les articles 10, 11 et 12 du titre IX.

3. Les sentinelles feront face, et présenteront les armes à tout Conseiller d'État qui passera à leur portée, revêtu de son costume.

SECTION II.

Honneurs civils.

4. Il sera rendu aux Conseillers d'État en mission, les mêmes honneurs civils qu'aux Sénateurs, lors de leur première entrée. Ils rendront les visites qu'ils auront reçues des autorités constituées, en la personne de leurs chefs, s'ils séjournent vingt-quatre heures dans la ville, ils feront, dans le même cas, des visites aux personnes désignées avant eux dans le titre des préséances.

TITRE XI.

Grands officiers de la Légion d'honneur, Chefs de Cohorte.

SECTION PREMIÈRE.

Honneurs militaires.

ARTICLE PREMIER.

Quand les Grands officiers de la Légion d'honneur, chefs de cohorte, se rendront pour la première fois au chef-lieu de leur cohorte, ils seront reçus comme les Sénateurs dans leur sénatorerie : Habituellement ces Grands officiers recevront, dans le chef-lieu de leur cohorte, les honneurs déterminés pour les Sénateurs, par les articles 10, 11 et 12.

2. Les sentinelles présenteront les armes aux Grands officiers et Commandans de la Légion d'honneur ; ils les porteront pour les officiers et les légionnaires.

SECTION II.

Honneurs civils.

3. Lorsque les Grands officiers chefs de cohorte se rendront pour la première fois au chef-lieu de la cohorte, il en sera de même que des Sénateurs, lors de leur première entrée.

Lorsqu'ils y reviendront ensuite, ils seront reçus comme les Sénateurs venant faire leur résidence annuelle.

TITRE XII.

Le Corps législatif et le Tribunat.

ARTICLE PREMIER.

Lorsque le Corps législatif et le Tribunat se rendront en corps chez Sa Majesté Impériale, à quelque fête ou cérémonie publique, il leur sera fourni par la garnison une garde d'honneur pareille à celle déterminée pour le Sénat.

2. Lorsque ces corps passeront devant un corps-de-garde, poste ou piquet, la troupe prendra les armes, ou montera à cheval pour y rester jusqu'à ce qu'ils soient passés.

L'officier qui commandera le poste sera à la tête, et saluera.

3. Les sentinelles porteront les armes à tout membre du Corps législatif ou du Tribunat, qui passera à leur portée, revêtu de son costume.

Décret Impérial,

TITRE XIII.

Les Ambassadeurs français et étrangers.

SECTION PREMIÈRE.

Honneurs militaires.

ARTICLE PREMIER.

Il ne sera, sous aucun prétexte, rendu aucune espèce d'honneur militaire à un Ambassadeur français ou étranger, sans l'ordre formel du Ministre de la guerre.

2. Le Ministre des relations extérieures se concertera avec le Ministre de la guerre, pour les honneurs à rendre aux Ambassadeurs français ou étrangers. Le Ministre de la guerre donnera des ordres pour leur réception.

SECTION II.

Honneurs civils.

3. Il en sera des honneurs civils pour les Ambassadeurs français ou étrangers, ainsi qu'il est dit ci-dessus pour les honneurs militaires.

TITRE XIV.

Les Généraux de division.

SECTION PREMIÈRE.

Honneurs militaires.

ARTICLE PREMIER.

Les Généraux de division commandant en chef une armée ou un corps d'armée, recevront dans toute l'étendue de l'Empire, les honneurs fixés article 3 du titre VII, pour les Maréchaux d'Empire non employés ; et dans l'étendue de leur commandement, les honneurs fixés article 2 du même titre, pour les Maréchaux d'Empire hors de leur commandement.

2. Les Généraux de division commandant une division militaire territoriale, lorsqu'ils voudront faire leur entrée d'honneur dans les places, citadelles et châteaux de leur division, ce qu'ils ne pourront faire qu'une seule fois pendant le temps qu'ils y commanderont, en donneront avis aux Généraux commandant dans les départemens, et ceux-ci aux commandans d'armes, qui donneront l'ordre de leur rendre les honneurs militaires ci-après.

3. Ils entreront dans la place en voiture ou à cheval, à leur option.

4. Le commandant d'armes se trouvera à la barrière pour les accompagner.

5. Ils seront salués de cinq coups de canon.

6. La garnison se mettra en bataille sur leur passage : celle du chef-lieu de département sera commandée par l'officier général ou supérieur commandant le département. Les officiers supérieurs, les drapeaux et étendards, les salueront ; les troupes porteront les armes ; les tambours et trompettes rappelleront. Ils seront reçus de la même manière, la première et la dernière fois où ils verront les troupes, pour les inspecter ou exercer. Dans les autre circonstances, ils ne seront salués, ni par les officiers supérieurs, ni par les drapeaux ou étendards.

7. Il sera envoyé à un quart de lieu au-devant d'eux, un détachement de trente hommes de cavalerie, commandé par un officier avec un trompette : ce détachement les escortera jusqu'à leur logis.

8. On enverra à leur logis, après leur arrivée, une garde de cinquante hommes, commandée par un capitaine et un lieutenant.

Le tambour rappellera.

9. Le Gouverneur ou le commandant d'armes prendra l'ordre d'eux le jour de leur arrivée et celui de leur départ; les autres jours, ils le donneront à l'adjudant de place.

10. Ils auront habituellement deux sentinelles à la porte de leur logis; les sentinelles seront tirées des compagnies de grenadiers.

11. Les gardes ou postes des places ou quartiers, prendront les armes ou monteront à cheval, quand ils passeront devant eux; les tambours et trompettes rappelleront.

12. Ils donneront le mot d'ordre.

13. Il leur sera fait des visites de corps en grande tenue.

14. A leur sortie, il sera tiré cinq coups de canon.

15. Ils seront reconduits par un détachement de cavalerie, pareil à celui qu'ils auront eu à leur arrivée.

16. Le Commandant d'armes les suivra jusques à la barrière, et prendra d'eux le mot d'ordre.

17. Quand après un an et un jour d'absence, ils retourneront dans les places, après y avoir fait leur entrée d'honneur, ils y recevront les honneurs ci-dessus prescrits, sauf que les troupes ne prendront point les armes, et qu'on ne tirera point de canon.

18. Les généraux de division employés auront une garde de trente hommes, commandée par un Lieutenant;

Le Tambour rappellera.

19. Les gardes ou postes des places ou quartiers prendront les armes ou monteront à cheval, quand ils passeront devant eux; les Tambours et Trompettes desdites gardes rappelleront.

20. Quand ils verront les troupes pour la première ou dernière fois, les Officiers supérieurs salueront; les étendards et drapeaux ne salueront pas; les Tambours et Trompettes rappelleront.

21. Il leur sera fait des visites de corps en grande

tenue; et le mot d'ordre leur sera porté par un Officier de l'État major de l'armée ou de la place.

22. Ils auront habituellement, à la porte de leur logis, deux sentinelles tirées des grenadiers.

23. Les Généraux de division Inspecteurs recevront, pendant le temps de leur inspection seulement, les mêmes honneurs que les Généraux de division employés.

SECTION II.

Honneurs civils.

24. Les Géneraux de division, commandant une armée ou un corps d'armée recevront, dans l'étendue de leur commandement, les honneurs civils attribués aux maréchaux d'Empire, art. VII du tit. VIII.

25. Les Généraux de division, commandant une division territoriale, recevront la visite du président du Tribunal d'appel, et de toutes les autres personnes ou chefs des autorités nommés après eux dans l'article *des préséances* : ils rendront les visites dans les vingt-quatre heures.

Ils visiteront, dès le jour de leur arrivée, les personnes denommées avant eux dans l'ordre des préséances : les visites leur seront rendues dans les vingt-quatre heures, par les fonctionnaires employés dans les départemens.

TITRE XV.

Les Généraux de brigade.

SECTION PREMIÈRE.

Honneurs militaires.

ARTICLE PREMIER.

Lorsque les Généraux de brigade, commandant un département feront leur entrée d'honneur dans les places, citadelles et châteaux de leur commandement, ce qu'ils ne pourront faire qu'un fois, ils en préviendront le Général commandant la division, qui prescrira de leur rendre les honneurs déterminés pour les Généraux de division, commandant une division territoriale ; excepté qu'il ne sera point tiré de canon, et qu'ils n'auront qu'une garde de trente hommes, commandée par un Lieutenant, et que le Tambour prêt à battre ne battra point. Il sera envoyé au devant d'eux, à un quart de lieue de la place, une garde de cavalerie, composée de douze hommes, commandée par un Maréchal-des-logis. Cette garde les escortera jusqu'à leur logis.

Lors de leur sortie, ils seront traités comme à leur entrée.

2. Quand les Généraux, commandant un département verront les troupes pour la première et dernière fois, les Officiers supérieurs les salueront ; les Tambours seront prêts à battre, les Trompettes à sonner.

3. Les gardes et postes prendront les armes et les porteront.

Les gardes à cheval monteront à cheval, et mettront le sabre à la main.

Les sentinelles présenteront les armes.

4. Ils auront habituellement à la porte de leur logis, deux sentinelles tirées des fusiliers.

5. Il leur sera fait des visites de corps en grande tenue, et le mot d'ordre leur sera porté par un Sergent.

6. Les généraux de brigade employés auront quinze hommes de garde, commandés par un Sergent ; un Tambour conduira cette garde, mais ne restera point.

Les gardes prendront et porteront les armes, ou monteront à cheval, et mettront le sabre à la main ; les Tambours et Trompettes seront prêts à battre ou à sonner.

Ils auront une sentinelle tirée des fusiliers. Il leur sera fait des visites de Corps.

Quand ils verront les troupes pour la première et dernière fois, ils seront salués par les Officiers supérieurs.

Le mot d'ordre leur sera porté par un sergent.

SECTION II.

Honneurs civils.

7. Les Généraux de brigade commandant un Département, recevront, dans les vingt-quatre heures de leur arrivée, la visite des personnes nommées après eux dans l'ordre *des préséances*, et les rendront dans les vingt-quatre heures suivantes.

Ils visiteront dans les vingt-quatre heures de leur arrivée, les personnes nommées avant eux dans l'ordre *des préséances*, les visites leur seront rendues dans les vingt-quatre heures suivantes, par les fonctionnaires employés dans les Départemens.

TITRE XVI.

Les Adjudans-Commandans.

ARTICLE PREMIER.

Les Ajudans-commandans qui auront des lettres de service de Sa Majesté, pour commander dans un Département, auront une garde de dix hommes, commandée par un Caporal.

Cette garde et les postes, à leur passage, se mettront en bataille et se reposeront sur les armes. Le mot d'ordre leur sera porté par un Sergent.

2. Les Adjudans-commandans, Chefs d'Etat-major d'une division, auront une sentinelle à la porte du lieu où se tiendra leur bureau.

3. Toutes les sentinelles présenteront les armes aux Adjudans-commandans.

4. Les Adjudans-commandans qui auront des lettres de service de Sa Majesté, pour commander dans un Département, recevront la visite des Commissaires-généraux de Police, et de toutes les personnes nommées après ces commissaires : ils rendront les visites dans les vingt quatre heures. Ils visiteront dans les mêmes vingt-quatre heures les personnes nommées avant les Commissaires de Police, qui leur rendront la visite dans les vingt-quatre heures suivantes.

TITRE XVII.

Les Préfets.

SECTION PREMIÈRE.

Honneurs militaires.

ARTICLE PREMIER.

Lorsqu'un Préfet-conseiller d'Etat entrera pour la première fois dans le chef-lieu de son Département, il y sera reçu par les troupes de ligne, d'après les ordres qu'en donnera le Ministre de la guerre, comme un Conseiller d'Etat en mission ; de plus, la gendarmerie de tout l'arrondissement du chef-lieu de la Préfecture ira à sa rencontre : elle sera commandée par le Capitaine du Département.

2. Lorsque le Préfet ne sera point Conseiller d'Etat, la garnison prendra les armes ; la gendarmerie ira à sa rencontre, mais on ne tirera point le canon, et la cavalerie de ligne n'ira point au-devant de lui.

3. Pendant tout le temps où un Préfet sera en tournée, il sera, s'il est Conseiller-d'Etat, accompagné par un Officier de gendarmerie et six gendarmes, et par un Maréchal des logis, et quatre gendarmes, s'il n'est point Conseiller-d'Etat.

4. Lorsque les Préfets entreront dans une autre ville

que le chef - lieu de leur Département pendant leur tournée, les postes prendront les armes, les tambours seront prêts à battre.

5. Il sera établi un corps-de-garde à l'entrée de la Préfecture : cette garde sera proportionnée au besoin du service, et commandée par un Sergent.

6. Elle sera fournie par les troupes de ligne; en cas d'insuffisance, par les Vétérans nationaux, et à leur défaut, par la garde nationale sédentaire.

7. Le Préfet donnera les consignes particulières à cette garde.

8. Le mot d'ordre lui sera porté chaque jour par un Sergent.

9. Les sentinelles lui porteront les armes dans toute l'étendue du Département, lorsqu'il passera revêtu de son costume.

10. Quand il sortira de la Préfecture, sa garde prendra et portera les armes.

11. Lors des fêtes et cérémonies publiques, une garde d'honneur, composée de trente hommes de troupes de ligne, commandée par un Officier. accompagnera le Préfet, de la Préfecture au lieu de la cérémonie, et l'y reconduira.

12. A défaut de troupes de ligne, le capitaine de gendarmerie sera tenu de fournir au préfet, sur sa réquisition, une escorte de deux brigades au moins, commandées par un Officier.

13. Lorsque le Préfet, accompagné du cortége ci-dessus, passera à portée d'un corps-de-garde, les troupes prendront et porteront les armes; le Tambour sera prêt à battre.

14. Il lui sera fait des visites de Corps.

SECTION II.

Honneurs civils.

15. Le Préfet arrivant pour la première fois dans le chef-lieu de son Département sera reçu à la porte de la ville, par le Maire et ses adjoints, accompagnés d'un détachement de gendarmerie, commandé par le capitaine. Cette escorte le conduira à son hôtel, où il sera attendu par le Conseil de Préfecture et le Secrétaire-général, qui le complimenteront.

16. Il sera visité, aussitôt après son arrivée, par les autorités nommées après lui dans l'article *des préséances*. Il rendra ces visites dans les vingt-quatre heures. Il recevra aussi les autres fonctionnaires inférieurs qui viendront le complimenter.

17. Il fera, dans les vingt-quatre heures, une visite au Général-commandant la division militaire, et au premier Président de la Cour d'appel, qui la lui rendront dans les vingt-quatre heures suivantes. Il visitera aussi, s'il y en existe, les autres autorités ou personnes placées avant lui dans l'ordre des préséances.

18. Lors de sa première tournée dans chaque arrondissement du département, il lui sera rendu les mêmes honneurs dans les chefs lieux d'arrondissement : il rendra les visites aux Présidens des tribunaux, au Maire et au Commandant d'armes dans les vingt-quatre heures.

19. Les Sous-Préfets arrivant dans le chef-lieu de leur sous-préfecture seront attendus dans leur demeure par le Maire, qui les complimentera. Ils y recevront la visite des chefs des autorités dénommées après eux, et les rendront dans les vingt-quatre heures.

S'il existe dans le chef-lieu de la sous-préfecture des autorités dénommées avant eux, ils leur feront une visite dans les vingt-quatre heures de leur arrivée; ces visites leur seront rendues dans les vingt-quatre heures suivantes.

TITRE

TITRE XVIII.

Les Commandans d'armes.

SECTION PREMIÈRE.

Honneurs militaires.

ARTICLE PREMIER.

Les commandans d'armes auront à la porte de leur logis une sentinelle tirée du corps-de-garde le plus voisin et des compagnies de fusiliers, s'il ne sont pas officiers-généraux ; s'il le sont, la sentinelle sera tirée des grenadiers.

2. Les postes, à leur passage, sortiront et se mettront en bataille, se reposant sur les armes.

3. Les postes de cavalerie monteront à cheval, mais ne mettront point le sabre à la main.

4. Ils prendront le mot d'ordre du Ministre de la guerre, des Maréchaux d'Empire et des officiers-généraux, dans les cas prévus par le présent décret, et le donneront dans toutes les autres circonstances.

5. Les sentinelles leur présenteront les armes.

6. Il leur sera fait des visites de corps par les troupes qui arriveront dans la place ou qui y passeront.

7. Quand bien même ils seraient officiers-généraux, ils ne recevront que les honneurs fixés ci-dessus.

8. Les sentinelles porteront les armes aux adjudans de place.

SECTION II.

Honneurs civils.

9. Les Commandans d'armes, à leur arrivée dans la

Code Impérial. 8

vi'le où ils commandent, feront la première visite aux autorités supérieures et recevront celle des autorités inférieures.

Toutes ces visites seront faites dans les vingt-quatre heures, et rendues dans les ving-quatres heures suivantes.

TITRE XIX.

Les Archevêques et Evêques.

SECTION PREMIÈRE.

Honneurs militaires.

ARTICLE PREMIER.

Lorsque les Archevêques et Evêques feront leur première entrée dans la ville de leur résidence, la garnison, d'après les ordres du Ministre de la guerre, sera en bataille sur les places que l'Evêque ou l'Archevêque devra traverser.

Cinquante hommes de cavalerie iront au-devant d'eux, jusqu'à un quart de lieue de la place.

Ils auront, le jour de leur arrivée, l'Archevêque, une garde de quarante hommes, commandée par un officier ; et l'Evêque une garde de trente hommes, aussi commandée par un officier : ces gardes seront placées après leur arrivée.

2. Il sera tiré cinq coups de canon à leur arrivée, et autant à leur sortie.

3. Si l'Evêque est Cardinal, il sera salué de douze volées de canon, et il aura, le jour de son entrée, une garde de cinquante hommes avec un drapeau, commandée par un Capitaine, Lieutenant ou Sous-Lieutenant.

4. Les Cardinaux, Archevêques ou Evêques, auront habituel'ement une sentinelle tirée du corps-de-garde le plus voisin.

5. Les sentinelles leur présenteront les armes.

6. Ils leur sera fait des visites de corps.

7. Toutes les fois qu'ils passeront devant des postes, gardes ou piquets, les troupes se mettront sous les armes, les postes de cavalerie monteront à cheval, les sentinelles présenteront les armes, les tambours et trompettes rappeleront.

8. Il ne sera rendu des honneurs militaires aux Cardinaux qui ne seront, en France, ni Archevêques, ni Evêques, qu'en vertu d'un ordre spécial du Ministre de la guerre, qui détermine les honneurs à leur rendre.

SECTION II.

Honneurs civils.

9. Il ne sera rendu des honneurs civils aux Cardinaux qui ne seront, en France, ni Archevêques, ni Evêques, qu'en vertu d'un ordre spécial, lequel déterminera, pour chacun d'eux, les honneurs qui devront leur être rendus.

10. Les Archevêques ou Evêques qui seront Cardinaux, recevront lors de leur installation, les honneurs rendus aux grands Officiers de l'Empire : ceux qui ne le seront point, recevront ceux rendus aux Sénateurs.

Lorsqu'ils rentreront après une absence d'un an et un jour, ils seront visités chacun par les autorités inférieures, auxquelles ils rendront la visite dans les vingt-quatre heures suivantes : eux-mêmes visiteront les autorités supérieures dans les vingt-quatre heures de leur arrivée, et leur visite leur sera rendue dans les vingt-quatre heures suivantes.

8 *

Des Cours de Justice.

TITRE XX.

SECTION PREMIÈRE.

Honneurs militaires.

ARTICLE PREMIER.

Lorsque le Cour de Cassation se rendra en corps près Sa Majesté, ou à une cérémonie publique, il lui sera donné une garde d'honneur composée de quatre-vingts hommes, commandée par un Officier supérieur. Les postes devant lesquels cette cour passera avec son escorte, présenteront les armes et les tambours rappelleront.

2. Lorsqu'une Cour d'appel se rendra à une fête ou cérémonie publique, il lui sera donné une garde d'honneur de cinquante hommes, commandée par un Capitaine et un Lieutenant.

3. Il sera donné une escorte de vingt-cinq hommes, dans les mêmes circonstances, à une Cour criminelle : cette garde sera commandée par un Lieutenant.

4. Il sera donné à un Tribunal de Première Instance une garde de quinze hommes, commandée par un Sergent.

5. Même garde de quinze hommes sera donnée à une municipalité en corps, d'une ville au-dessus de 5,000 ames, se rendant à une fête ou cérémonie publique. Il en sera fourni une de cinq hommes à une Municipalité des lieux au-dessous de 5,000 ames.

6. Les gardes devant lesquelles passeront les Corps dénommés dans le précédent titre, prendront les armes, les porteront pour la Cour d'appel, et se reposeront dessus pour les Cours de justice criminelle, de Première Instance et les Municipalités.

7. Les Tambours rappelleront pour les Cours d'appel, et seront prêts à battre pour les autres Cours judiciaires et pour les Municipalités.

8. A défaut de troupes de ligne, les Capitaines de gendarmerie prendront des mesures pour fournir aux Cours d'appel deux brigades d'escorte, une aux Cours de justice criminelle, et deux gendarmes aux Cours de Première instance.

SECTION II.

Honneurs civils.

9. Lorsque le Premier président de la Cour de cassation sera installé, toutes les Cours et tous les Tribunaux de la ville où résidera ladite Cour de cassation, iront le complimenter : la Cour d'appel, par une députation du Premier président, du Procureur-général et de quatre juges ; les autres Cours et Tribunaux, par une députation composée de la moitié de chaque Cour ou Tribunal.

Il recevra aussi les félicitations du Préfet Conseiller-d'Etat, et de tous les fonctionnaires dénommés après ce Préfet.

Il rendra les visites dans les vingt-quatre heures, et il fera, dans le même laps de temps, des visites à toutes les personnes dénommées avant le Préfet Conseiller-d'état.

10. Les Premiers présidens des autres Cours et Tribunaux recevront, lors de leur installation, les visites des autorités nommées après eux, et résidant dans la même ville ; ces visites seront faites dans les vingt-quatre heures de leur installation, et rendues dans les vingt-quatre heures suivantes. Lesdits présidens iront, dans les premières vingt-quatre heures de leur installation, visiter les autorités supérieures en la personne de leurs chefs : ceux-ci les leur rendront dans les vingt-quatre heures suivantes.

TITRE XXI.

Les Officiers avec troupes.

ARTICLE PREMIER.

Les sentinelles de tous les corps présenteront les armes à tous les Colonels.

2. A leur arrivée, les Officiers de leur régiment se rassembleront en grande tenue, pour leur faire une visite de Corps.

3. Ils auront une sentinelle à la porte de leur logis, tout le temps de leur séjour à leur régiment.

4. A leur passage, la garde de police de leur régiment sortira sans armes.

5. Les sentinelles de leurs corps présenteront les armes aux Majors, Chefs de bataillons et d'escadron. Quand ils commanderont le régiment, ils jouiront des mêmes honneurs que le Colonel.

6. Les sentinelles de tous les corps porteront les armes à tous les Capitaines, Lieutenans et Sous-Lieutenans de tous les corps et de toutes les armes.

TITRE XXII.

Les Inspecteurs aux revues.

ARTICLE PREMIER.

Les Inspecteurs en chef aux revues, lorsqu'ils seront en tournée dans leur arrondissement, ou en mission particulière, auront à la porte de leur logis une sentinelle, tirée du corps-de-garde le plus voisin, laquelle sera placée sitôt après leur arrivée.

Les sentinelles leur présenteront les armes.

2. Tant qu'ils seront dans l'exercice de leurs fonctions, le mot d'ordre leur sera porté par un Sergent.

3. Il leur sera fait des visites de Corps.

4. Les sentinelles porteront les armes aux Inspecteurs.

5. Le mot d'ordre leur sera porté par un Sergent.

6. Les sentinelles porteront les armes aux Sous-Inspecteurs.

TITR XXIII.

Les Commissaires des Guerres.

ARTICLE PREMIER.

Le Commissaire général d'une armée, et les Commissaires-ordonnateurs en chef auront à la porte de leur logis une sentinelle qui, ainsi que toutes les autres sentinelles, leur présenteront les armes.

2. Le mot d'ordre leur sera porté par un Sergent.

3. Il leur sera fait des visites de Corps.

4. Les Commissaires - Ordonnateurs employés, auront une sentinelle à la porte du lieu où se tiendra leur bureau, pour le jour seulement.

5. Les sentinelles leur porteront les armes.

6. Le mot d'ordre leur sera porté par un sergent.

7. Les sentinelles porteront les armes aux commissaires des guerres.

TITRE XXIV.

Gardes et Piquets.

ARTICLE PREMIER.

Les officiers et soldats de piquets, sortiront sans armes pour les officiers généraux qui seront de jour.

2. Les gardes de la tête du camp prendront les armes pour les Princes, Grands dignitaires et officiers de l'Em-

pire, pour le commandant de l'armée et d'un corps d'armée.

Les tambours battront aussi aux champs.

3. Lesdites gardes de la tête du camp se mettront sous les armes et en haie, pour les généraux de division et généraux de brigade employés; mais les tambours ne battront pas.

4. Les postes qui seront autour de l'armée, rendront les mêmes honneurs.

TITRE XXV.

Dispositions générales.

ARTICLE PREMIER.

A Sa Majesté l'EMPEREUR seul, est réservé le droit d'avoir deux vedettes à la porte de son palais.

Il en sera accordé une aux Colonels-généraux des troupes à cheval, lorsqu'il y aura dans la place un régiment de leur arme.

2. Les détachemens et postes destinés à la garde de Sa Majesté, ne prennent les armes pour rendre des honneurs militaires qu'à Sa Majesté elle-même, ou aux personnes à qui elle a accordé ou accordera cette prérogative.

3. On ne rendra point d'honneurs après la retraite ni avant la diane.

4. Les gardes d'honneur ne rendront des honneurs militaires qu'aux personnes supérieures ou égales en grade ou en dignité à celles près desquelles elles seront placées; et alors les honneurs restent les mêmes.

5. Les honneurs militaires ne se cumulent point; on ne reçoit que ceux affectés à la dignité ou grade supérieur.

6. Les officiers-généraux qui ne commandent que par

interim ou que pendant l'absence des commandans titulaires, n'ont droit qu'aux honneurs militaires de leur grade et de leur emploi.

7. Les gardes ou troupes quelconques qui se rencontreront en route, se céderont mutuellement la droite.

8. Dans le cas où les garnisons ne seront pas assez nombreuses pour fournir des gardes aux Officiers-Généraux employés qui se trouveront dans la place, ou lorsque lesdits Officiers-Généraux jugeront à propos de ne pas conserver leur garde en entier, on mettra seulement des sentinelles à la porte de leur logis ; savoir : deux sentinelles tirées des grenadiers, à la porte du général de division ; et deux, tirées des fusiliers, à la porte d'un Général de brigade.

Le nombre d'hommes nécessaires pour fournir ces sentinelles, sera placé dans le corps-de-garde le plus voisin du logement où ces sentinelles devront être posées.

9. Les troupes qui passeront dans les places ou qui n'y séjourneront qu'un ou deux jours, ne seront point tenues d'y fournir de garde d'honneur.

10. A défaut d'infanterie, la cavalerie fournira les différens postes et sentinelles à pied.

11. Les troupes ne fourniront, dans aucun cas, des sentinelles d'honneur que celles ci-dessus nommées.

12. Pour les visites de Corps en grande tenue, les Officiers d'infanterie seront en baudrier, hausse-col et bottes ;

Les Officiers de troupes à cheval, en bottes, sabre, casque ou schakos.

Pour les visites de Corps, non en grande tenue, les Officiers d'infanterie seront sans hausse - col ; et ceux de troupes à cheval porteront, au lieu de casque ou schakos, leur chapeau ordinaire.

13. Le mot d'ordre sera toujours donné par la personne du grade le plus élevé.

14. Défend Sa Majesté impériale à tout fonctionnaire ou autorité publique d'exiger qu'on lui rende
d'autres honneurs que ceux qui viennent d'être attribués
à sa dignité, corps ou grade ; et à tout fonctionnaire
civil et militaire, de rendre à qui que ce soit au - delà
de ce qui est prescrit ci - dessus.

TITRE XXVI.

Des honneurs funèbres.

SECTION PREMIÈRE.

Honneurs funèbres militaires.

ARTICLE PREMIER.

Il sera rendu des honneurs funèbres par les troupes
aux personnes désignées dans les titres V, VI, VII et
VIII *des honneurs militaires* ; il en sera rendu aux militaires de tous les grades ; il en sera rendu aux Sénateurs
morts dans leur sénatorerie, aux Conseillers d'Etat morts
dans le cours de leur mission, aux Sénateurs et Conseillers
d'Etat, aux membres du Tribunat et du Corps-Législatif,
morts dans l'exercice de leurs fonctions, et dans la ville où
leurs Corps respectifs tiendront leurs séances, à tous les
membres de la Légion d'honneur, et aux Préfets dans
leur Département.

2. La totalité de la garnison assistera au convoi de
toutes les personnes ci - dessus désignées, pour l'entrée
d'honneur desquelles elle se fût mise sous les armes.

Pour les autres, il n'assistera que des détachemens
dont la force et le nombre seront déterminés ci-après.

Pour un général de division employé, la moitié de
la garnison prendra les armes ; pour un général de brigade
employé, le tiers de la garnison prendra les armes.

Pour un général de division en non activité, le tiers
de la garnison prendra les armes ; pour un général de
brigade en non activité, le quart de la garnison.

Pour un général de division en retraite ou réforme, le quart de la garnison ; pour un général de brigade en retraite ou réforme, le cinquième.

Dans aucun cas il n'y aura néanmoins au-dessous de deux cents hommes au convoi des généraux de division, et de cent cinquante au convoi des généraux de brigade.

Pour tout sénateur qui mourra dans la ville où le Sénat tiendra ses séances ; pour tout conseiller d'État mort dans l'exercice de ses fonctions, et dans la ville où siégera le conseil d'État pour tout tribun et membre du Corps législatif qui décédera pendant la session législative, et dans la ville où leurs corps respectifs seront réunis, la garnison fournira quatre détachemens de cinquante hommes, commandés chacun par un capitaine et un lieutenant : les quatre détachemens seront aux ordres d'un chef de bataillon ou d'escadron.

Pour un adjudant commandant en activité, quatre détachemens ;

En non activité, trois détachemens ;

En retraite ou réforme, deux ;

Pour les Gouverneurs, la totalité de la garnison ;

Pour les Commandans d'armes, la moitié ;

Pour les Adjudans de place, un détachement ;

Pour les Inspecteurs en chef aux revues, quatre détachemens ;

Pour les Inspecteurs, trois ;

Pour les Sous-inspecteurs, deux ;

Pour les Ordonnateurs en chef, quatre ;

Pour les Ordonnateurs, trois ;

Pour les Commissaires des guerres, deux ;

Si les Inspecteurs ou Commissaires des guerres ne sont point en activité, il y aura, dans chaque grade, un détachement de moins.

3. Les Colonels seront traités comme les Adjudans commandans.

Les Majors en activité, deux détachemens ;

En retraite ou réforme, un détachement.

Les Chefs de bataillon et d'escadron, seront traités comme les Majors.

Les Capitaines en activité, retraite ou réforme, auront un détachement;

Les Lieutenans ou Sous-Lieutenans, un demi-détachement;

Les Sous-Officiers, un quart de détachement;

Les Caporaux et Brigadiers, un huitième de détachement.

Les Grands Officiers de la Légion d'honneur, comme les Généraux de division employés;

Les Commandans, comme les Colonels;

Les Officiers, comme les Capitaines;

Les Légionnaires, comme les Lieutenans.

4. Les troupes qui marcheront pour rendre des honneurs funèbres, seront commandées, lorsque la garnison entière prendra les armes, par l'Officier général ou supérieur du grade le plus élevé, ou le plus ancien dans le grade le plus élevé, employé dans la garnison.

Quand il n'y aura que partie déterminée de la garnison qui marchera, les troupes seront commandées par un Officier du même grade que celui à qui on rendra des honneurs funèbres.

Quand il ne marchera que des détachemens, quatre seront commandés par un Colonel, trois par un Major, deux par un Chef de bataillon ou d'escadron, un par un Capitaine, un demi par un Lieutenant, un quart par un Sergent ou Maréchal-desLogis, un huitième par un Caporal ou Brigadier.

5. L'infanterie fournira, autant que faire se pourra, les détachemens pour les convois funèbres; à défaut d'infanterie, ils seront fournis par les troupes à cheval.

6. Chaque Corps fournira proportionnellement à sa force, et les individus seront pris proportionnellement dans chaque compagnie.

7. La cavalerie marchera toujours à pied pour rendre les honneurs funèbres.

8. Pour les Colonels qui mourront sous leurs drapeaux, le régiment entier marchera en Corps au convoi;

Pour les Majors, la moitié du corps, avec deux drapeaux ou étendards;

Pour les Chefs de bataillon ou d'escadron, leur bataillon ou escadron, avec son drapeau ou étendard;

Pour un Capitaine, sa compagnie;

Pour un Lieutenant ou Sous-lieutenant, son peloton.

Les dispositions du présent article sont indépendantes de celles prescrites art. 3.

9. Les troupes qui seront commandées feront trois décharges de leurs armes : la première, au moment où le convoi sortira de l'endroit où le corps était déposé; la seconde, au moment où le corps arrivera au cimetière; la troisième, après l'enterrement, en défilant devant la fosse.

La poudre sera fournie par les magasins de l'État.

10. Les Sous-officiers et soldats porteront l'arme, la platine sous le bras gauche.

11. On tirera, pour les Princes et Grands-dignitaires, un coup de canon de demi-heure en demi-heure, depuis leur mort jusqu'au moment du départ du convoi;

D'heure en heure pour les Ministres et les Grands-officiers :

Pour tous les autres fonctionnaires, on tirera pendant le temps de leur exposition, autant de coups de canon qu'il leur en est accordé pour leur entrée d'honneur.

Il sera de plus tiré, au moment où le corps sera mis en terre, trois décharges de canon, chacune égale à celle qui leur est attribuée pour les honneurs militaires.

12. Les coins du poêle seront portés par quatre personnes du rang ou grade égal à celui du mort, ou, à défaut, par quatre personnes du rang ou grade inférieur.

13. Il sera mis des crêpes aux drapeaux, étendards ou guidons qui marcheront aux convois; les Tambours seront couverts de serge noire; il sera mis des sourdines et des crêpes aux Trompettes.

Les frais de funérailles seront faits par l'État, pour

tout individu mort sur le champ de bataille, ou dans les trois mois et des suites des blessures qu'il aura reçues.

14. Les crêpes ne resteront un an aux drapeaux que pour Sa Majesté : pour le colonel du Corps, ils y resteront jusqu'à son remplacement.

15. Tous les Officiers porteront le deuil de leur Colonel pendant un mois ; il consistera en un crêpe à l'épée : les deuils de famille ne seront portés qu'au bras gauche.

SECTION II.

Honneurs funèbres et civils.

16. Lorsqu'une des personnes désignées dans l'article premier du titre premier mourra, toutes les personnes qui occuperont, dans l'ordre des préséances, un rang inférieur à celui du mort, assisteront à son convoi, et occuperont entre elles l'ordre prescrit par le susdit article.

Si des personnes qui occupent un rang supérieur dans l'ordre des préséances, veulent assister au convoi d'un fonctionnaire décédé, et qu'elles soient revêtues de leur costume, elles marcheront dans le rang qui leur est fixé dans ledit article.

Les corps assisteront en totalité au convoi des Princes, des Grands Dignitaires, des Ministres, des grands Officiers de l'Empire, des Sénateurs dans leurs Sénatoreries, et des Conseillers d'Etat en mission ; pour les autres, ils y assisteront par députation.

17. Les Ministres sont, chacun en ce qui le concerne, chargés de l'exécution du présent décret, qui sera inséré au Bulletin des lois.

Signé NAPOLÉON.

Par l'Empereur :

Le Secrétaire d'État, signé HUGUES B. MARET.

TABLE DES MATIÈRES

CONTENUES DANS LA PREMIÈRE PARTIE

DE LA PREMIÈRE LIVRAISON

DU CODE IMPÉRIAL.

F 1 N.

CÉRÉMONIAL

DU SACRE

ET DU COURONNEMENT

DE LEURS MAJESTÉS IMPÉRIALES.

SECTION PREMIÈRE.

De la Marche et du Cortège.

ARTICLE PREMIER.

LE 8 frimaire, à cinq heures du matin, des piquets des six bataillons des grenadiers et chasseurs de la garde à pied, et des piquets de la gendarmerie d'élite à pied et à cheval, prendront les postes de l'Archevêché, de la Cathédrale, et en occuperont toutes les avenues.

2. Le 11, à la pointe du jour, une salve d'artillerie annoncera la fête; cette salve sera répétée d'heure en heure jusqu'au soir.

3. Le Grand-Maréchal du palais aura la police de la Métropole et de l'Archevêché : rien ne s'y fera que par ses ordres, et d'après les instructions que lui transmettra le Grand-Maître des cérémonies. Ils prendront, tous deux de concert, toutes les mesures nécessaires à l'ordre intérieur de cette solennité.

4. Les députations militaires et de la garde nationale se réuniront à la place Dauphine, à six heures. Les

Code Impérial.   9

membres de ces députations qui seront désignés pour
être placés dans l'église, y seront rendus à sept heures;
les autres se mettront en marche pour border la haie
dans les lieux qui leur seront indiqués par le Gouverneur de Paris.

5. La Cour de cassation, la Comptabilité nationale,
les membres des Tribunaux et des Administrations, et
ceux des Députations électorales, ainsi que tous autres
Fonctionnaires publics appelés par lettres closes, seront
réunis à sept heures, au Palais de Justice, d'où ils iront
à pied à l'Eglise; ils doivent y être rendus à huit heures.

6. Le Sénat partira de son Palais; le Conseil-d'État,
des Tuileries; le Corps, Législatif de son Palais; et le
Tribunat, du sien, à huit heures précises : chacun de ces
corps aura une escorte de cent hommes à cheval.

Le Préfet de police désignera les rues par lesquelles
doivent passer les cortéges de ces autorités. Il se concertera, pour cet objet, avec le Gouverneur de Paris et
le Grand-Maître des cérémonies.

7. Le Corps diplomatique sera invité à se réunir chez
un de ses membres pour aller à l'église, et y être rendu
à neuf heures dans la tribune qui lui sera destinée. Il
sera escorté par cent hommes de troupes à cheval.

8. Le Préfet de Police est chargé de donner les ordres,
et de prendre les mesures nécessaires pour faire filer sans
confusion toutes les voitures qui n'appartiennent pas au
cortége de l'Empereur et à celui du Pape. Il fera placer
convenablement d'abord, les voitures du Corps Diplomatique, ensuite celles du Sénat, du Conseil - d'Etat, du
Corps Législatif et du Tribunat; il se concertera pour cet
effet avec le grand Ecuyer, et le grand Maître des
cérémonies.

9. Le cortége du Pape partira des Tuileries à neuf
heures, l'ordre et la marche de ce cortége seront réglés
séparément; le grand Ecuyer et le grand Maître des
cérémonies se concerteront pour cet objet.

10. A dix heures du matin, l'Empereur partira du Pa-

lais des Tuileries pour se rendre à Notre-Dame, au milieu d'une haie de troupes. Une salve d'artillerie annoncera son départ. L'Empereur ira à Notre Dame par le Carrousel, la rue Saint-Nicaise, la rue Saint-Honoré, la rue du Roule, le Pont-Neuf, le quai des Orfèvres, la rue Saint-Louis, la rue du Marché-Neuf et celle du Parvis-Notre-Dame.

11. La marche du cortége impérial sera ouverte par huit escadrons de cuirassiers, huit de carabiniers et par les escadrons des chasseurs de la garde, entremêlés de pelotons de mamelucks. M. le Maréchal-Gouverneur de Paris, se placera avec son Etat-Major à la tête de ces troupes.

Le cortége impérial marchera dans l'ordre suivant :

Les Hérauts d'armes à cheval ;

Une voiture pour les Maîtres et Aides des cérémonies ;

Quatre voitures pour les grands Officiers militaires de l'Empire ;

Trois voitures pour les Ministres ;

Une voiture pour le grand Chambellan, le grand Écuyer, et le grand Maître des Cérémonies ;

Une voiture pour LL. AA. SS. l'Archi-Chancelier et l'Archi-Trésorier ;

Une voiture pour les Princesses ;

La voiture de l'Empereur, dans laquelle seront LL. MM. II. et LL. AA. II. les princes Joseph et Louis ;

Une voiture pour le grand Aumônier, le grand Maréchal du Palais et le grand Veneur ;

Une voiture pour la Dame d'honneur, la Dame d'atours, le premier Écuyer et le premier Chambellan de l'Impératrice ;

Deux voitures pour huit Dames du Palais ;

Une voiture pour deux autres Dames du Palais et deux Chambellans ;

Trois voitures pour les Officiers civils de l'Empereur et de l'Impératrice ;

Quatre voitures pour les Dames et Officiers de LL. AA. II. les Princes et Princesses.

9 *

13. La voiture de l'Empereur sera attelée de huit chevaux : toutes les autres voitures du cortége seront à six chevaux ; les Maréchaux colonels généraux de la garde seront à cheval près des deux portières de l'Empereur.

Le Maréchal commandant la gendarmerie sera à cheval derrière la voiture ;

Les Aides de camp, à la hauteur des chevaux ;

Les Écuyers, aux roues de derrière.

14. Le cortége sera fermé par les grenadiers à cheval de la garde, entremêlés de pelotons de canonniers à cheval, et par un escadron de la gendarmerie d'élite.

15. Le cortége impérial, en arrivant sur la place de Notre-Dame, tournera à gauche du portail par la rue du cloître. LL. MM. et leur cortége descendront de voiture à la petite porte de l'Archevêché, se rendront de là, par l'intérieur des bâtimens, dans les appartemens qui seront préparés pour les recevoir.

L'Empereur s'y habillera ; ensuite il en partira avec son cortége, dans l'ordre ultérieurement indiqué pour se rendre à pied à la grande porte de Notre-Dame par une galerie décorée qui traversera les cours de l'Archevêché en longeant l'église, et aboutira au portail.

16. Les Écuyers de Sa Majesté veilleront à la marche et à l'emplacement des voitures du cortége impérial, d'après les ordres qu'ils recevront du grand Écuyer.

17. Après la cérémonie, l'Empereur retournera à l'Archevêché, par la même galerie, et sortira par la petite porte de l'Archevêché, pour se rendre aux Tuileries, avec le même cortége, et dans le même ordre.

18. Le cortége impérial, pour revenir aux Tuileries, suivra la rue du Parvis Notre-Dame, la rue du Marché-Neuf, la rue de la Barillerie, le Pont-au-Change, la place du Châtelet, la rue Saint-Denis, les Boulevarts, la rue et la place de la Concorde, le Pont-tournant et le Jardin des Tuileries.

DISPOSITIONS GÉNÉRALES.

Aucune voiture, hors celles des cortéges de l'Empereur et du Pape, ne sera attelée de plus de deux chevaux.

Les fiacres ne pourront pas circuler sur les routes des cortéges. A huit heures du matin, aucune voiture, hors celles des cortéges, ne pourra circuler dans les rues par où passeront ces cortéges.

Lorsque le Pape sera rendu dans l'église, aucune personne, hors celles qui font partie du cortége impérial, ne pourra y entrer.

Cinq cents torches seront distribuées par ordre de M. le grand Maréchal, pour éclairer le cortége impérial et celui du Pape, à leur retour.

Le Palais, le Jardin des Tuileries, les principaux édifices de la ville et les boulevarts, seront illuminés. Des flammes de Bengale seront allumées sur les édifices les plus élevés.

Le grand Maître des cérémonies,

L. P. SÉGUR.

SECTION II.

De la Disposition des places pour la Cérémonie.

NEF.

ARTICLE PREMIER.

LE trône de l'Empereur sera placé dans la nef, entre le quatrième et le cinquième piliers, et à la même distance du centre de l'Eglise que le maître-hôtel.

2. Les places, autour du trône, seront disposées ainsi qu'il suit :

L'Empereur sur le trône ;

Un degré plus bas, à sa droite, l'Impératrice sur un fauteuil ;

Un degré plus bas, à la droite de l'Impératrice, entre les deux colonnes, les Princesses ;

Derrière elles, la Dame d'honneur, la Dame d'atours, et des Dames du Palais ;

A gauche de l'Empereur, et deux degrés plus bas, entre les deux colonnes, les deux Princes, et les deux Dignitaires à leur gauche ;

Derrière l'Empereur, les Colonels généraux de la garde, le grand Maréchal du Palais, le grand Chambellan, les grands officiers portant les honneurs de l'Empereur, à la droite du grand Maréchal ; et ceux portant les honneurs de *Charlemagne*, à la gauche du Colonel général de service ; les officiers civils de l'Empereur, de l'Impératrice et des Princes, derrière ces grands Officiers, tous debout.

3. A la droite des marches du trône, les Ministres ;

A gauche, les Maréchaux et les Inspecteurs et Colonels généraux grands Officiers ;

Les Membres du Conseil d'état à droite et à gauche, plus bas que les Ministres et les Maréchaux.

4. Le grand Maître des cérémonies sera au pied du trône à droite ; derrière lui, les deux Aides des cérémonies ; derrière les Aides, le chef des Hérauts d'armes et deux Hérauts ; vis-à-vis du grand Maître, les deux Maîtres des cérémonies ; et derrière eux, deux Hérauts.

5. Les Sénateurs seront en avant du trône, moitié sur le côté droit, et moitié sur le côté gauche de la nef ; le Président à la première place du côté du trône ; après lui, les Chancelier, Trésorier et Préteurs du Sénat ;

A droite et à gauche, à la suite du Sénat, les Législateurs ; le Président et les Questeurs, aux premières places du côté du trône ;

A leur droite et à leur gauche, les Tribuns, les

Membres de la Cour de cassation, les grands Officiers de la légion d'honneur, les Commissaires de la comptabilité nationale, les Généraux de division, les Présidens et Procureurs généraux de cours d'appel, les Présidens de colléges électoraux de département, les Préfets maritimes, les Préfets de département, Présidens et Procureurs généraux de cours criminelles; les Généraux de brigade, les Présidens de Conseils généraux de département, les Présidens de colléges d'arrondissement, les Sous-préfets, les Maires des trente-six principales villes, les Présidens de canton, les Présidens de consistoires, et les Vice-présidens des chambres de commerce.

C H OE U R.

6. Près de l'autel, du côté de l'Évangile, le Pape, entouré de ses grands Officiers, sera placé sur un trône.

De l'autre côté de l'autel, les Cardinaux;

Des deux côtés du chœur, les Archevêques, les Évêques et le Clergé de Paris.

7. Au milieu du chœur seront deux fauteuils pour l'Empereur et l'Impératrice, avec un dais, des prié-dieu et des carreaux de velours devant LL. MM.; les Princes, Princesses et Dignitaires, et toutes les personnes de la suite de LL. MM., seront placés derrière elles, ainsi qu'il est dit à la quatrième section.

T R I B U N E S.

8. A droite du trône, la tribune impériale.

A côté, dans une tribune, seront les Dames et Officiers des Princes et Princesses, à l'exception de ceux qui formeront leur suite.

Vis-à-vis, à gauche du trône, sera la tribune du Corps diplomatique étranger et français.

Il y aura, de plus, des tribunes pour les familles des grands Dignitaires, pour les Étrangers présentés, pour les familles des Ministres et du Gouverneur de Paris, pour celles des grands Officiers, des Officiers civils, des Séna-teurs, des Conseillers d'état, des Législateurs, des Tri-buns, des grands Officiers de la légion d'honneur, des Membres de la Cour de cassation et de la Comptabilité nationale, pour l'État-major de Paris, pour les Bureaux de l'Institut national;

Et enfin, pour la Préfecture de la Seine et de police, et les Administrations tant ministérielles que générales.

9. Les deux rangs de tribunes du haut seront occu-pés par les Députations militaires et des Gardes natio-nales.

Le grand Maître des cérémonies,

L. P. SÉGUR.

SECTION III.

De la Réception du Pape à Notre-Dame.

ARTICLE PREMIER.

SA SAINTETÉ descendra de sa voiture dans la grand cour de l'Archevêché. S. E. le Cardinal Archevêque de Paris se trouvera au bas du grand escalier, revêtu des habits cardinalitiaux, c'est-à-dire, de la soutane, du rochet, du manteau et de la mosette, pour recevoir le Souverain Pontife et le conduire dans la grande salle de l'Archevêché.

2. Les Cardinaux, Archevêques et Évêques français se trouveront réunis dans cette même salle, revêtus de leurs ornemens pontificaux : les Cardinaux, de l'amict, du ro-chet et d'une chasuble, sans étole et sans manipule, avec leur mitre blanche (1). A l'exception du Cardinal Évêque,

---

(1) Il serait à désirer que les Cardinaux et Évêques eussent la mitre de drap d'or, pour ajouter à l'éclat de la cérémonie.

assistant qui sera seul en chape, les Archevêques et Evêques porteront le rochet, la chape et la mitre blanche.

Tous les autres Ecclésiastiques qui doivent servir à la cérémonie se trouveront également dans cette salle, revêtus des ornemens convenables aux fonctions qu'ils doivent exercer.

3. Quatre tables seront dressées dans cette même salle.

La première, plus grande que les autres, et revêtue d'un tapis qui descendra jusqu'à terre, servira à déposer les ornemens de Sa Sainteté, ses deux mitres et sa tiare.

Sur une seconde table, placée à peu de distance de la première, seront placés les ornemens du Cardinal Diacre et du Prélat Sous-diacre.

Sur une troisième seront déposés les ornemens du Diacre et du Sous-diacre grecs.

Enfin la quatrième recevra les sept chandeliers qui doivent servir aux sept Acolytes.

On préparera en outre des banquettes revêtues de tapis, pour les Cardinaux, Archevêques et Evêques.

4. Pendant que Sa Sainteté recevra les ornemens des mains des Prélats qui l'entoureront, le Cardinal Archevêque de Paris, revêtu de la chape cardinalitiale, se rendra dans son église pour recevoir Sa Sainteté et le clergé de France, à la tête de son Chapitre.

5. Sa Sainteté s'étant revêtue de ses ornemens, se rendra à l'église ; elle sera précédée de sa croix, portée par un Sous-diacre (1) apostolique revêtu d'une tunique. Deux Chapelains secrets du Pape porteront ses deux mitres, et marcheront devant la croix : le Thuriféraire portera devant la croix l'encensoir et la navette.

Sept Acolytes (2) porteront des chandeliers avec

_____

(1) Cette fonction est remplie par un des Prélats de la suite de Sa Sainteté.

(2) Ces fonctions, ainsi que celle de Thuriféraire, sont remplies, à Rome, par des Prélats de la signature ; et hors

leurs cierges à côté de la croix ; quatre seront à droite et trois à gauche.

Le Sous-diacre latin marche après les Acolytes ; il se place au milieu du Diacre et du Sous-diacre grecs.

Après lui viennent sur deux lignes, dans l'ordre de leur institution canonique, et la mitre sur la tête, d'abord les Évêques, ensuite les Archevêques, puis les Cardinaux, vêtus ainsi qu'il a été dit ci-dessus.

Sa Sainteté ferme la marche ; elle sera revêtue d'une chape, la tiare sur la tête, et placée au milieu des deux Cardinaux Diacres assistans, qui soutiendront de chaque côté les bords de sa chape. Devant elle marcheront le Cardinal Évêque assistant, en chape, et le Cardinal diacre de l'évangile, en dalmatique.

Une garde d'honneur l'entourera et lui rendra les honneurs convenables.

6. Dès que la procession sera arrivée à la porte de l'église, le Clergé y entrera, et ira, sans s'arrêter, prendre les places qui lui seront destinées.

7. Le Cardinal Archevêque de Paris présentera l'aspersoir au Souverain Pontife, qui fera une aspersion sur le clergé et sur le peuple ; Sa Sainteté passera ensuite au milieu du Chapitre rangé sur deux lignes, et se rendra au sanctuaire, conduite sous un dais qui sera porté par les Chanoines ou par les indults qui servent à l'autel. On chantera en chant figuré ou en musique, pendant l'entrée de Sa Sainteté dans l'église, l'antienne *Tu es Petrus*. Cette antienne se répétera, si besoin est, jusqu'à ce que Sa Sainteté ait terminé sa prière au pied de l'autel. (1)

––––––––––

de Rome ; par les Chanoines des cathédrales, qui, pendant la cérémonie, demeurent assis sur les marches du trône de Sa Sainteté.

(1) Si le Pape faisait sa prière dans la sacristie, on placerait au pied du Christ un autel portatif.

Le Chapitre ne rentrera dans le chœur que lorsque Sa Sainteté sera rendue à son trône.

8. Sa Sainteté, en sortant de l'église, après la cérémonie, sera reconduite dans le même ordre qu'elle sera venue.

Le grand Maître des Cérémonies,

L. P. SÉGUR.

SECTION IV.

Des Cérémonies du Sacre et du Couronnement.

ARTICLE PREMIER.

LE Pape partira des Tuileries à neuf heures du matin, et l'Empereur à dix.

2. Une salve d'artillerie annoncera le départ de S. M. du palais des Tuileries, et une seconde son arrivée à l'Archevêché.

3. Deux heures avant son arrivée dans l'église, tous les Corps et Fonctionnaires désignés pour assister à la cérémonie, seront rendus à l'église et occuperont les places qui leur seront indiquées par les Maîtres et Aides des cérémonies.

4. Pendant que l'Empereur se revêtira, à l'Archevêché, de ses habits et ornemens impériaux, S. S. fera les prières accoutumées et dira les tierces.

5. Les Dames du palais, les Dames des Princesses, les Officiers civils des Princes et ceux des Princesses, qui ne les suivront pas dans la nef, se rendront de l'Archevêché dans les tribunes qui leur seront destinées.

6. Lorsque l'Empereur sera revêtu de ses ornemens

impériaux, il reviendra de l'Archevêché par la galerie au portail de l'église, à l'entrée de laquelle il sera reçu par les Cardinaux, Archevêques et Évêques français, précédés du Maître des cérémonies ecclésiastiques et de ses Adjoints.

7. Dans cette marche de l'Archevêché à l'église, on observera l'ordre suivant, avec dix pas de distance entre chaque groupe :

Les Huissiers, sur quatre de front ;

Les Hérauts d'armes, sur deux de front ;

Le Chef des Hérauts d'armes ;

Les Pages, sur quatre de front ;

Les Aides des cérémonies ;

Les Maîtres des cérémonies ;

Le grand Maître des cérémonies ;

Le Maréchal Sérurier, portant l'anneau de l'Impératrice sur un coussin ;

Le Maréchal Moncey, portant la corbeille qui doit recevoir le manteau de l'Impératrice ;

Le Maréchal Murat, portant, sur un coussin, la couronne de l'Impératrice ;

A la droite et à la gauche de chacun de ces trois grands Officiers, un Chambellan ou un Écuyer de l'Impératrice ;

L'Impératrice avec le manteau impérial, mais sans anneau et sans couronne ;

Les Princesses soutenant son manteau ;

Le premier Écuyer et le premier Chambellan de l'Impératrice, l'un à sa droite, l'autre à sa gauche, et un peu en arrière de la Princesse, qui marchera la première ; le manteau de chaque Princesse sera soutenu par un Officier de sa maison ;

La Dame d'honneur et la Dame d'atours de l'Impératrice ;

Le Maréchal Kellermann, portant la couronne de *Charlemagne* ;

Le Maréchal Pérignon, le sceptre de *Charlemagne* ;

Le Maréchal Lefebvre, l'Épée de *Charlemagne* ;

Le Maréchal Bernadotte , le collier de l'Empereur ;

Le Colonel général Beauharnais , l'anneau de S. M. ;

Le Maréchal Berthier , le globe impérial ;

Le grand Chambellan, portant la corbeille destinée à recevoir le manteau de l'Empereur ;

A la droite et à la gauche de chacun de ces grands Officiers, un Chambellan ou un aide-de-camp de S. M. ;

L'Empereur, portant dans ses mains le sceptre et la main de justice, et la couronne sur la tête ;

Les Princes et Dignitaires soutenant le manteau de l'Empereur :

Le grand Écuyer , le Colonel-général de la garde , de service , et le grand Maréchal , tous les trois de front ;

Les trois autres Colonels généraux de la garde prendront place , pendant la marche et autour du trône, parmi les Maréchaux de l'Empire ;

Les Ministres , sur quatre de front ;

Les grands Officiers militaires, *idem* ;

8. Lorsque LL. MM. seront arrivées au portail, un Cardinal présentera l'Eau bénite à l'Impératrice ; le Cardinal Archevêque la présentera à l'Empereur : ils complimenteront LL. MM. et les conduiront, chacune processionnellement, sous un dais porté par des Chanoines, jusqu'à la place qu'elles doivent occuper dans le chœur.

9. La marche , depuis le portail jusqu'à l'entrée du chœur, en tournant à la droite du trône , continuera dans le même ordre ; mais les Ministres et les grands Officiers militaires qui suivent l'Empereur , tourneront à gauche du trône , et iront se placer sur les gradins , près de ce trône, dès que le cortége de LL. MM. sera passé.

10. En arrivant à la porte du chœur, les Huissiers, et successivement les Hérauts d'armes, les Pages, les Aides et un Maître des cérémonies, et les Officiers civils, s'arrêteront et borderont la haie à droite et à gauche dans la nef.

11. Lorsque le cortége impérial sera entré dans le

chœur, la partie qui sera restée dans la nef, se rangera en ordre inverse par la contre-marche, de manière à se trouver placée dans l'ordre ci-dessus détaillé, pour accompagner LL. MM. lorsqu'elles iront au grand trône.

12. Le reste du cortége continuera sa marche depuis la porte du chœur jusqu'aux degrés du sanctuaire.

13. Avant d'arriver à ces degrés, les grands Officiers qui précèdent l'Impératrice, se rangeront à gauche, et ceux qui précèdent l'Empereur se rangeront à droite, pour laisser passer LL. MM. dans le sanctuaire; ces grands officiers reprendront ensuite les places qui seront plus bas indiquées.

14. L'Empereur et l'Impératrice iront se placer sur leurs fauteuils, dans le sanctuaire, sous le dais; l'Impératrice, à la gauche de l'Empereur.

15. Les places autour des trônes de LL. MM. seront disposées ainsi qu'il suit :

Derrière l'Empereur, les deux Princes et les deux grands Dignitaires ;

Derrière les Princes, le Colonel général de la garde, le grand Maréchal et les deux grands Officiers qui portent l'anneau et le collier de l'Empereur ;

A droite des Princes, et en obliquant en avant, le grand Chambellan et le grand Ecuyer ;

Derrière eux, deux Chambellans ;

Derrière l'Impératrice, les Princesses ;

Derrière les Princesses, les trois grands Officiers qui portent l'anneau, le manteau et la couronne de l'Impératrice ;

A gauche des Princesses, et en obliquant en avant, la Dame d'honneur, la Dame d'atours, le premier Ecuyer et le premier Chambellan de l'Impératrice ;

Le grand Maître des cérémonies à la droite près de l'autel ;

Le Maître des cérémonies à gauche près du trône du Pape et de l'autel.

16. Lorsque LL. MM. seront ainsi placées, les grands

Officiers qui portent le globe impérial et les honneurs de *Charlemagne*, iront se ranger de front en face de l'autel, au bas de la dernière marche du sanctuaire.

17. Au moment où LL. MM. entreront dans le chœur, le Pape descendra de son trône, ira à l'autel, et commencera le *Veni Creator*.

18. Pendant cette hymne, l'Empereur et l'Impératrice feront leur prière sur leur prié-dieu, et se leveront; l'Archi-chancelier passera à la droite de l'Empereur, saluera successivement l'autel et S. M., s'approchera assez pour que l'Empereur lui remette la main de justice; et sans tourner le dos ni à S. M. ni à l'autel, il reculera à droite et en avant du grand Chambellan.

L'Archi-trésorier suivra la même marche, recevra le sceptre, et ira se placer à gauche et au-dessous de l'Archi-chancelier, entre lui et le grand Chambellan.

Après lui, le grand Électeur ôtera la couronne, et ira se placer à la droite de l'Archi-chancelier.

Le grand Officier qui doit porter le collier, s'approchera du grand Chambellan, qui ôtera le collier, et le lui remettra.

Le grand Chambellan, le grand Écuyer et deux Chambellans s'approcheront ensuite, détacheront le manteau, le ploieront sur leurs corbeilles, et iront reprendre leurs places.

Le Connétable s'approchera de même; l'Empereur tirera son épée et la lui remettra : le Connétable ira se placer à gauche du grand Électeur, entre lui et l'Archi - chancelier.

Enfin, le grand Officier qui doit porter l'anneau, ira le recevoir des mains du grand Chambellan, et se placera à sa gauche et à celle du grand Écuyer.

Pendant ce temps, le grand Officier qui doit porter la couronne de l'Impératrice, s'approchera à sa gauche; la Dame d'atours ôtera la couronne, et la donnera au grand Officier, qui ira se placer à la gauche de la Dame d'honneur.

La Dame d'honneur, la Dame d'atours et l'Officier qui

porte la corbeille du manteau de l'Impératrice, s'approcheront, détacheront le manteau de l'Impératrice, le ploieront sur leur corbeille, et iront reprendre leurs places.

Enfin, le grand Officier qui doit porter l'anneau, s'approchera pour le recevoir des mains de la Dame d'honneur, et ira se placer à sa gauche et à celle de la Dame d'atours.

19. Les grands Dignitaires et les grands Officiers ci-dessus désignés, iront successivement porter sur l'autel les ornemens impériaux dans l'ordre suivant :

La couronne de l'Empereur,
L'épée,
La main de justice,
Le sceptre,
Le manteau de l'Empereur,
Son anneau,
La couronne de l'Impératrice,
Son manteau,
Son anneau.

Ces grands Officiers iront reprendre ensuite successivement leurs places derrière le fauteuil de LL. MM.

Les grands Officiers qui portent le globe impérial et les ornemens de Charlemagne resteront toujours à leurs places.

20. Lorsque le souverain pontife aura chanté le *Veni Creator*, il fera à l'Empereur la demande *Profiterisne etc.* : l'Empereur, en touchant des deux mains le livre des Evangiles que le grand Aumônier lui présentera, répondra, *Profiteor*.

21. On chantera les prières et litanies, pendant lesquelles LL. MM. resteront sur le petit trône ; seulement elles se mettront à genoux en s'inclinant pendant que S. S. récitera les trois versets *Ut hunc famulum tuum*, etc.

S A C R E.

22. Le grand Aumônier de France, le premier des Cardinaux français Archevêques, le plus ancien Archevêque et le plus ancien Evêque français, se rendront auprès de LL. MM., leur feront une inclination profonde, et les conduiront au pied de l'autel pour y recevoir l'onction sacrée ; personne ne les suivra dans cette marche.

23. LL. MM. se mettront à genoux au pied de l'autel sur des carreaux.

24. S. S. fera à l'Empereur et à l'Impératrice une triple onction, l'une sur la tête, les autres aux deux mains.

25. Après cette cérémonie, LL. MM. seront reconduites sur leur petit trône par les mêmes Cardinaux, Archevêques et Evêques qui les auront été chercher.

26. Les onctions de l'Empereur seront essuyées sur le petit trône par le grand Chambellan, qui remettra au grand Aumônier le linge dont il se sera servi; la Dame d'honneur qui essuiera les onctions de l'Impératrice, remettra de même au premier Aumônier de S. M. le linge qui aura essuyé cette onction.

27. Pendant ce temps, S. S. commencera la messe et la continuera jusqu'au graduel inclusivement.

C O U R O N N E M E N T.

28. S. S. bénira les couronnes de l'Empereur et de l'Impératrice, l'épée, les manteaux et les anneaux, et prononcera les prières qui accompagnent ces bénédictions; pendant cette cérémonie, LL. MM. resteront assises sur le petit trône.

29. Les bénédictions étant faites, LL. MM. se rendront au pied de l'autel, conduites par les mêmes Cardinaux, Archevêques et Evêques qui les auront accompagnées aux onctions : l'Archi-chancelier, l'archi-Tréso-

rier, le grand Chambellan, le grand Écuyer et deux
Chambellans suivront l'Empereur à l'autel, et se placeront derrière lui ; la Dame d'honneur et la Dame d'atours
suivront l'impératrice à l'autel et se placeront derrière
elle ; toutes les autres personnes du cortége resteront
chacune à leurs places.

30. La tradition des ornemens de l'Empereur se fera
dans l'ordre suivant :

L'anneau,
L'épée,
Le manteau,
La main de justice,
Le sceptre,
La couronne.

Le Pape fera successivement la prière analogue à chacun d'eux.

31. La tradition des ornemens de l'Impératrice aura
lieu dans l'ordre suivant :

L'anneau,
Le manteau,
La couronne.

Le Pape prononcera la prière analogue à chacun de
ces ornemens.

L'Impératrice recevra à genoux la couronne, que
l'Empereur placera sur sa tête.

Chacun des Princes, Dignitaires et grands Officiers,
recevra ultérieurement des instructions détaillées sur cette
partie du cérémonial.

32. Le Saint-Père se levera de son siége ; et assisté
de ses Cardinaux, il conduira solennellement l'Empereur
et l'Impératrice au grand trône au fond de l'église.

33. L'Impératrice quittera l'autel pour aller au grand
trône ; les grands Officiers qui la précèdent, les Princesses, les Dames et les Officiers qui la suivent, reprendront le même ordre dans lequel ils étaient venus
du portail au chœur ; les Princesses soutiendront son
manteau.

À la porte du chœur, les Officiers civils, le Maître, les Aides des cérémonies, les Pages, les Hérauts d'armes, les Huissiers, reprendront aussi leur ordre, et marcheront jusqu'au trône, bordant la haie à mesure qu'ils en approcheront.

Les grands Officiers qui portent les honneurs de l'Impératrice, et les Officiers civils qui les accompagnent, monteront les degrés du trône en passant par le couloir de la droite, et se placeront derrière le trône dans l'ordre qui sera indiqué ci-après.

34. L'Empereur, entouré des Princes et Dignitaires, précédé des grands Officiers qui portent ses honneurs et ceux de *Charlemagne*, et suivi par le Colonel général de la garde le grand Écuyer, le grand Chambellan et le grand Maréchal, prendra des mains des grands Dignitaires le sceptre et la main de justice, et marchera également au grand trône ; les Princes et Dignitaires soutiendront son manteau ; les grands Officiers qui portent ses honneurs se placeront, en arrivant, derrière le trône, ainsi que les Officiers civils qui les accompagnent ; les Aides - de - camp borderont la haie à droite et à gauche, sur les degrés du trône ; le grand Chambellan et le grand Écuyer se placeront sur des coussins au pied du trône ; les Princes et Dignitaires passeront à la gauche du trône pour occuper les places qui leur sont destinées ; le grand Maréchal et le Colonel général de la garde passeront par le couloir de la gauche pour se placer derrière l'Empereur.

35. Enfin, le Pape, précédé par le Maître des cérémonies et par des Cardinaux, et suivi par des Cardinaux, suivra l'Empereur jusqu'au grand trône.

36. Lorsque S. S. y sera montée, que l'Empereur sera assis, et que chacun aura pris sa place à droite et à gauche autour de lui, le Pape dira la prière *In hoc Imperii solio, etc.* Après avoir prononcé ces paroles, S. S. baisera l'Empereur sur la joue ; et se tournant vers les assistans, dira à haute voix, *Vivat Imperator in æter-*

10 *

num ! Les assistans diront, *Vivent l'Empereur et l'Impératrice!*

37. S. S. sera reconduite alors à son trône avec son cortége par le grand Maître des cérémonies, précédée des Huissiers, des Hérauts d'armes, des Maîtres et Aides des cérémonies.

38. Dès que S. S. sera descendue du trône de l'Empereur, les Pages iront se placer sur les marches du trône.

39. Les places autour du trône de l'Empereur seront disposées dans l'ordre suivant :

L'Empereur sur le trône;

Un degré plus bas à sa droite, l'Impératrice sur un fauteuil;

Un degré plus bas à la droite de l'Impératrice, entre les deux colonnes, les Princesses sur des chaises;

Derrière elles, la Dame d'honneur et la Dame d'atours;

A gauche de l'Empereur, et deux degrés plus bas, entre les deux colonnes, les deux Princes et les deux Dignitaires à leur gauche;

Derrière l'Empereur, le Colonel général de la garde, le grand Maréchal du palais; les quatre grands Officiers portant les honneurs de l'Empereur, à la droite du grand Maréchal; et les trois grands Officiers portant les honneurs de *Charlemagne*, à la gauche du Colonel général, s'étendant derrière les Princes; les Officiers civils de l'Empereur et des Princes derrière ces grands Officiers, tous debout.

40. Le Pape continuera la messe.

41. A la fin de l'évangile, le grand Maître des cérémonies invitera le grand Aumônier, par une inclination, à se rendre à l'autel; il y recevra du Diacre le livre des évangiles : accompagné par les Aumôniers de l'Empereur et les Aumôniers de l'Impératrice, précédé par le grand Maître, les Maîtres et Aides des cérémonies, il portera l'évangile à baiser à leurs Majestés, et le reportera ensuite à l'autel entre les mains du Diacre, toujours accompagné de la même manière.

42. A l'offertoire, le grand Maître des cérémonies fera une inclination profonde à leurs Majestés, pour les avertir de se rendre à l'offrande.

M............ devant porter un cierge où seront incrustées treize pièces d'or;

M............ devant porter un autre cierge, avec même nombre de pièces d'or;

M............ devant porter le pain d'argent;

M............ devant porter le pain d'or;

M............ devant porter le vase;

Quitteront successivement leurs places par le couloir de droite, pour prendre, au bas des degrés du trône, ces diverses offrandes qui leur seront présentées.

Ceux d'entre eux qui se seraient trouvés placés derrière le trône, passeraient par les deux couloirs de droite et de gauche.

L'Empereur et l'Impératrice descendront en même temps du trône : l'Impératrice, suivie par les Princesses qui portent son manteau, par la Dame d'honneur, la Dame d'atours et par le grand Officier destiné à recevoir sa couronne, accélérera sa marche de manière à précéder l'Empereur au bas de l'escalier; l'Empereur marchera plus lentement, suivi par les Princes et Dignitaires qui soutiennent son manteau, par son Colonel général, par son grand Maréchal, et précédé par son grand Chambellan et son grand Ecuyer; ainsi, en partant du bas des degrés du trône, la marche jusqu'au chœur se fera dans l'ordre suivant :

Les Huissiers,

Les Hérauts d'armes,

Les Pages,

Les Aides des cérémonies,

Les Maîtres des cérémonies,

Le grand Maître des cérémonies,

Les offrandes dans l'ordre ci-dessus indiqué,

L'Impératrice, suivie comme il a été dit ci-dessus,

Le grand Chambellan et le grand Ecuyer de l'Empereur.

L'Empereur et sa suite, telle qu'on l'a dit plus haut.

43. En approchant de la porte du chœur, les mêmes personnes qui, dans la première marche, avaient bordé la haie, la borderont encore : l'Impératrice et l'Empereur continueront, avec le reste du cortége, leur marche jusqu'au pied de l'autel ; l'Impératrice se placera à gauche de l'Empereur, à genoux sur des coussins ; les personnes qui portent les offrandes se rangeront à leur droite et un peu en arrière en bordant la haie, le grand Maître des cérémonies à droite, un Maître des cérémonies à gauche. Les suites de l'Empereur et de l'Impératrice, en entrant dans le sanctuaire, quitteront les manteaux de LL. MM. et iront prendre dans le sanctuaire la place qu'elles occupaient pendant les cérémonies de l'onction et du couronnement. LL. MM. garderont leurs couronnes sur leurs têtes, prendront les offrandes, dans l'ordre indiqué pour la marche, des mains de ceux qui les portent, et les présenteront à S. S.; elles iront ensuite s'asseoir sur leur petit trône.

44. A l'élévation, le grand Électeur ôtera la couronne de l'Empereur, et la Dame d'honneur celle de l'Impératrice.

45. A l'*Agnus Dei*, le grand Aumônier ira recevoir le baiser de paix de S. S., *cum instrumento pacis*, et le portera à LL. MM.

46. Au moment de la communion, le grand Électeur et la Dame d'honneur ôteront les couronnes de LL. MM.; LL. MM. se lèveront de leur petit trône, et iront seules communier.

47. Après la communion, LL. MM. retourneront au grand trône dans l'ordre qui aura été suivi pour aller à l'offrande.

8. Le Pape continuera la messe.

49. La messe finie, le grand Aumônier, averti par le grand Maître des cérémonies, apportera de nouveau à l'Empereur le livre des évangiles et se tiendra debout à la gauche de S. M. Le président du Sénat, ayant à sa droite le Président du Corps législatif et à sa gauche

celui du Tribunat, apportera à S. M. la formule du serment constitutionnel : après la lui avoir présentée, ils se rangeront à la gauche du trône sur les trois premières marches, le grand Maître des cérémonies se tenant de l'autre côté de l'escalier, vis-à-vis le président du Sénat.

50. L'Empereur, assis, la couronne sur la tête et la main levée sur l'évangile, prononcera le serment.

51. Le chef des Hérauts d'armes, averti par l'ordre du grand maître, dira ensuite d'une voix forte et élevée : *Le très-glorieux et très-auguste Empereur Napoléon, Empereur des Français, est couronné et intronisé; vive l'Empereur!* Les assistans répéteront le cri de *vive l'Empereur!* en y joignant celui de *vive l'Impératrice !* Une décharge d'artillerie annoncera le couronnement et l'intronisation de LL. MM.

52. Pendant ces acclamations, les présidens du Sénat, du Corps législatif et du Tribunat, iront reprendre leurs places; le grand Aumônier retournera au chœur, et le Pape entonnera le *Te Deum.*

53. Pendant le *Te Deum*, le Secrétaire d'Etat dressera le procès-verbal de la prestation du serment de l'Empereur; le grand Electeur appellera les Présidens du Sénat, du Corps législatif et du Tribunat, pour le signer; l'Archi-chancelier le présentera à la signature de l'Empereur, des Princes et des Grands Dignitaires; le Secrétaire d'Etat le fera signer par les grands Officiers, et l'Archi-chancelier le visera; la signature des autres assistans devra avoir lieu les jours suivans, à des heures indiquées, chez le Secrétaire d'Etat.

54. Après cette formalité, le clergé reviendra au pied du trône avec le dais pour reconduire LL. MM.; lorsque le clergé sera en marche pour arriver au trône,
Les Huissiers,
Les Hérauts d'armes,
Les Pages,
Les Aides des cérémonies,
Les Maîtres des cérémonies,

Le grand Maître des cérémonies,
s'avanceront par la droite du trône pour rejoindre le portail et la galerie; les grands Officiers portant les honneurs de l'Impératrice passeront successivement par le couloir de la droite, descendront l'escalier, et iront reprendre leur ordre devant le dais de l'Impératrice. L'Impératrice descendra du trône, suivie des Princesses, de sa Dame d'honneur, de sa dame d'atours, de ses Dames du palais, et des Officiers des Princesses.

Ensuite elle se mettra sous son dais, et continuera la marche jusqu'à l'archevêché.

Les sept grands Officiers qui porteront les honneurs de l'Empereur, passeront successivement par le couloir de gauche, et iront reprendre devant son dais le rang qu'ils occupaient en venant de l'archevêché à l'église.

L'Empereur reprendra des mains de l'Archi-chancelier et de l'Archi-trésorier le sceptre et la main de justice, et descendra du trône, suivi par les Princes et Dignitaires qui portent son manteau, et par les grands Officiers qui le suivaient en venant à l'église : lorsqu'il sortira de la nef, les Ministres et les Maréchaux reprendront pareillement leur rang dans le cortége pour retourner à l'archevêché.

55. Lorsque LL. MM. seront rendues à l'archevêché, le Pape y sera reconduit aussi sous le dais par le clergé.

56. Personne ne pourra sortir de l'église qu'après le départ du cortége de LL. MM. et de celui du Pape, excepté les personnes qui sortiront des tribunes de la Famille Impériale pour rejoindre LL. MM. à l'archevêché.

Le grand Maître des cérémonies,

L. P. Ségur.

PROGRAMME

Des Fêtes et Réjouissances publiques, à l'occasion
du Couronnèment de l'Empereur des Français.

LE samedi 10 frimaire, veille du jour fixé pour le Couronnement, des salves d'artillerie tirées, d'heure en heure, de divers points des environs de Paris, annonceront la fête du lendemain.

Ces salves continueront depuis 6 heures du soir jusqu'à minuit.

A chaque salve, les tours, clochers, édifices publics, et tous les lieux élevés de Paris, seront éclairés durant quelques minutes par des flammes de Bengale.

Tous les spectacles donneront *gratis;* des corps de musique militaire parcourront les rues et les places publiques en exécutant des faufares.

Le dimanche 11 frimaire est consacré tout entier aux cérémonies du Couronnement.

Le soir, illumination dans tout Paris.

Le lundi 12 frimaire, réjouissances publiques.

Le lieu destiné à ces réjouissances s'étendra, depuis la place de la Concorde, sur tous les boulevarts du nord de Paris, jusques à l'Arsenal.

Aux quatre coins de la place de la Concorde, de vastes emplacemens auront été préparés pour les danses.

Au milieu, sur un piédestal entouré de gradins, s'élevera un vaste trophée orné de drapeaux.

Sur les boulevarts, des théâtres auront été construits, et des salles de danse préparées de distance en distance.

On y aura aussi élevé un grand nombre de mâts de cocagne, et établi des jeux de bagues, etc.

Le matin, à dix heures, une salve d'artillerie annoncera l'ouverture de la fête.

Les jeux de bagues commenceront ainsi que les concours pour les prix attachés aux mâts de cocagne.

Sur les théâtres on exécutera de petites comédies, des pantomimes, des exercices d'adresse, etc. Ces spectacles continueront tout le jour.

A onze heures, des chars remplis de musiciens se réuniront sur la place de la Concorde.

A midi, grand concert d'harmonie, suivi de chants analogues à la fête.

A la fin des chants, salve générale d'artillerie.

En même temps le trophée placé sur le piédestal s'élèvera dans les airs, ainsi que quatre ballons dorés, qui détonneront dès que le trophée sera parvenu à une certaine hauteur.

Plusieurs Hérauts d'armes à cheval parcourront la place de la Concorde et les boulevarts en distribuant des médailles frappées à l'occasion du Couronnement.

Les danses commenceront tant sur la place de la Concorde que le long des boulevarts.

Les boulevarts seront illuminés en guirlandes, colonnes et vases.

Les chars illuminés de diverses couleurs parcourront les boulevarts ; les musiciens exécuteront sur la route des fanfares et des chants d'alégresse.

Les chars reviendront ensuite se ranger en cercle sur la place de la Concorde.

A huit heures du soir, grand feu d'artifice sur le pont de la Concorde.

Danses tout le reste de la nuit.

RÉGLEMENT

Pour le prix des Mâts.

Tous les citoyens sont libres de concourir.

L'Inspecteur s'assurera que celui qui voudra concourir ne porte sur lui aucun instrument qui puisse l'aider à monter.

Il ne pourra être enlevé qu'un prix, chaque fois qu'on montera.

Il sera permis de descendre avec le prix ou de le laisser tomber.

Lorsqu'un prix sera gagné, l'Inspecteur l'inscrira sur un registre, avec le nom de celui qui l'aura remporté.

L'Inspecteur veillera à l'exécution du présent Réglement.

En cas de difficulté, l'Inspecteur général sera appelé.

Si la contestation devenait trop sérieuse, le Commissaire de police serait requis pour juger en dernier ressort.

Réglement pour les Jeux de Bagues.

A midi, les jeux de Bagues commenceront.

On pourra jouer *gratis* jusqu'à la fin de la Fête.

Les personnes qui voudront jouer retiendront leurs places.

On ne pourra jouer que deux parties de suite.

La même partie pourra continuer, s'il n'y a pas de remplaçans.

Deux personnes ne pourront monter à la même place.

L'Inspecteur des jeux veillera à l'exécution du présent Réglement.

CÉRÉMONIE

De la Distribution des Aigles au Champ-de-Mars.

ARTICLE PREMIER.

Mercredi, 14 frimaire, S. M. l'Empereur fera la distribution des drapeaux aux Corps de toutes les armes de l'armée, et aux Gardes nationales des cent huit Départemens de la République, et recevra leurs sermens.

2. L'Empereur partira à dix heures des Tuileries, dans l'ordre qui a été observé, et avec le cortége qui l'a accompagné le jour du Couronnement. Les chasseurs à cheval de la garde et les mamelucks ouvriront la marche; les grenadiers à cheval et la gendarmerie d'Élite la fermeront.

3. Le cortége traversera le jardin des Tuileries, la place de la Concorde, suivra le Pont de la Concorde, la place du Corps législatif, la rue de Bourgogne, celle de Grenelle, les Boulevarts neufs, entrera à l'École militaire par la grille méridionale.

4. Le départ de leurs Majestés sera annoncé par une salve d'artillerie; elles seront saluées de même à leur passage devant les Invalides par l'artillerie des Invalides. Elles le seront encore à leur arrivée, par la batterie du Champ-de-Mars.

5. Les membres du Corps diplomatique seront admis à faire leur cour à leurs Majestés, dans les grands appartemens de l'Ecole Militaire; en conséquence ils seront invités à se réunir dans le salon des Ambassadeurs qui sera au rez-de-chaussée.

6. Immédiatement après cette audience, leurs Majestés prendront les ornemens impériaux et paraîtront sur leur trône.

7. Au moment où elles monteront sur le trône, elles seront de nouveau saluées par les batteries des Tuileries, des Invalides et du Champ-de-Mars.

8. Les Princes et Dignitaires, les Princesses, les Ministres, les Maréchaux et les grands Officiers civils et militaires de la maison de l'Empereur, auront leur place à la droite, à la gauche du trône, et derrière le trône, suivant l'usage.

Les Dames et Officiers de l'Empereur, de l'Impératrice, des Princes et des Princesses, seront placés derrière leurs Majestés.

9. Des places seront destinées à droite et à gauche du trône sur la façade de l'Ecole Militaire, aux Princes étrangers, au Corps diplomatique, au Sénat, au Conseil d'Etat, au Corps législatif, au Tribunat, à la Cour de cassation et aux Membres de la Comptabilité nationale.

Les Présidens des Collèges électoraux et des Assemblées de canton seront sur les gradins qui se trouvent au-dessous de la galerie.

10. Ils partiront tous à neuf heures pour se rendre à l'Ecole-Militaire, dans le même ordre et avec la même escorte que le jour du sacre ;

11. M. le Maréchal Murat, Gouverneur de Paris, et M. le Général Duroc, grand Maréchal du Palais, se concerteront pour diriger leur marche et pour les faire conduire aux places qui leur sont destinées.

12. Les escortes de tous ces cortèges iront ensuite prendre leur ordre de bataille au Champ-de-Mars, où toutes les troupes seront rangées en ligne faisant face au trône.

13. Les Députations de toutes les armes de l'Armée seront placées sur la droite et sur la gauche en colonnes serrées par pelotons.

14. Les Députations de la Garde - Nationale seront

placées en colonnes serrées dans l'intervalle du centre de la ligne.

15. Les aigles seront tous rangés sur les degrés du trône.

16. Chaque aigle sera porté par un Colonel, ou en son absence par celui qui commandera la Députation.

17. Les cent huit drapeaux des Départemens seront portés par les Présidens des Colléges électoraux de Département; à leur défaut, par un Préfet.

18. Tous les tambours et la musique des Corps seront placés à la tête de la première ligne.

19. Le grand Maître des cérémonies, placé sur la première marche au bas et près du trône, prendra les ordres de Sa Majesté, et les fera transmettre à monsieur le Maréchal, gouverneur de Paris, qui fera sur-le-champ avancer, au son de la musique, les trois colonnes des députations militaires.

Ces colonnes s'approcheront le plus possible du trône; alors l'Empereur, adressant la parole à l'armée, dira :

Soldats, voilà vos drapeaux. Ces Aigles vous serviront toujours de point de ralliement; ils seront par-tout où votre Empereur les jugera nécessaires pour la défense de son trône et de son peuple.

Vous jurez de sacrifier votre vie pour les défendre, et de les maintenir constamment par votre courage sur le chemin de la victoire.

20 Dans ce moment, les colonels qui tiennent les Aigles, les éleveront en l'air et diront : *Nous le jurons.* Ce serment sera répété par toutes les députations militaires et départementales, au bruit des salves d'artillerie.

21. Les soldats présenteront les armes, et mettront leurs chapeaux au bout de leurs baïonnettes; ils resteront jusqu'à ce que les drapeaux aient rejoint leurs armes.

La musique exécutera, et les tambours battront la marche des drapeaux.

22. Les drapeaux arrivés à leurs corps, on fera faire demi-tour à droite aux colonnes; les députations défileront par pelotons, et toute l'armée par division.

La musique des corps restera constamment à la même place pendant tout le temps qu'on défilera.

23. Leurs Majestés retourneront dans leurs appartemens, et remonteront en voiture.

24. Le cortége impérial, à son retour, prendra le même chemin qu'il aura suivi pour venir à l'Ecole Militaire.

Aucune voiture ne pourra passer par ce chemin qu'après le départ de leurs Majestés.

Tous les autres chemins seront libres.

25. Leurs Majestés, à leur retour, seront saluées par les différentes batteries, comme elles l'avaient été à leur départ et à leur arrivée.

26. Sa Majesté charge M. le Maréchal Murat, Gouverneur de Paris, de toutes les dispositions extérieures de cette fête, et M. le général Duroc, grand Maréchal du Palais, de tout ce qui concerne l'intérieur des bâtimens de l'Ecole Militaire.

Le grand Maître des cérémonies,

L. P. SÉGUR.

PROGRAMME

De la Fête publique qui sera donnée jeudi, 22 Frimaire, par le Sénat-Conservateur, dans le jardin, à l'occasion du couronnement de S. M. l'Empereur.

A UNE heure après-midi, plusieurs pelotons de tambours et trompettes, après avoir parcouru le quartier du Luxembourg, viendront se placer sur les terrasses des deux côtés du dôme du palais du Sénat, sur la rue de Tournon, et y exécuteront de quart-d'heure en quart-d'heure des airs de triomphe.

A une heure et demie, deux corps de musiciens militaires arrivant par la rue de Tournon, entreront dans le jardin en jouant des airs de fête; une partie se placera dans le parterre, et l'autre parcourra le jardin en jouant les mêmes airs.

A trois heures, concert d'harmonie, sous les fenêtres de S. A. I. le prince Joseph, grand électeur.

A quatre heures, danses et walses dans les salles disposées à cet effet sous les grands arbres.

A cinq heures, illumination générale dans le jardin, et sur les façades du palais.

A six heures, concert d'harmonie en écho sur les deux terrasses du palais, en face du parterre.

A sept heures, les trompettes, les tambours et les boëtes annonceront le feu d'artifice, dont le sujet sera analogue au motif de la fête. Il sera tiré devant la grille principale du jardin, en face du palais. Les danses et concerts continueront jusqu'à la fin de l'illumination.

PROGRAMME

PROGRAMME

De la Fête qui sera donnée, le 25 Frimaire, à l'Hôtel-de-Ville, à l'occasion du Couronnement de l'Empereur.

DIMANCHE, 25 frimaire, Leurs Majestés l'Empereur et l'Impératrice partiront du palais des Tuileries à trois heures, pour se rendre à l'Hôtel-de-Ville, dans l'ordre qui a été observé, et avec le cortége qui les a accompagnées, le jour du couronnement et celui de la distribution des Aigles au Champ-de-Mars.

Les chasseurs à cheval de la garde et les mamelucks ouvriront la marche; les grenadiers à cheval et la gendarmerie d'Élite la fermeront.

Le cortége marchera au milieu d'une haie de troupes, traversera la place du Carrousel, suivra les rues Saint-Honoré, du Roule et les quais jusqu'à l'Hôtel-de-Ville.

A son retour, il suivra les quais, et rentrera aux Tuileries par le grand guichet du Carrousel.

Le départ de Leurs Majestés, des Tuileries, sera annoncé par une salve d'artillerie; elles seront saluées de même à leur arrivée à l'Hôtel-de-Ville.

DÉTAILS HISTORIQUES

SUR LA FÊTE.

La fête donnée par la ville de Paris, à Leurs Majestés Impériales, a été le digne complément de celles qui ont eu lieu pour le couronnement : capitale de la France, capitale des sciences et des arts, Paris, centre du goût, et de tout temps l'arbitre de tout ce qui appartient aux convenances et à l'urbanité, devait offrir, dans ce jour solennel, et l'ensemble des plus belles dispositions, et la réunion brillante de ses principaux habitans, et le concours immense de sa population, et l'expression de ses vœux reconnaissans, et l'éclat de l'alégresse publique : tel est, en effet, ce que Paris a offert dans ce beau jour ; spectacle magnifique qui, lié aux plus grands souvenirs, éveillait toutes les imaginations et devait émouvoir tous les cœurs ; journée solennelle, alliance touchante du monarque et d'une grande section du peuple, dans laquelle se sont confondus les sentimens qui tiennent à l'admiration, ceux qui naissent d'une affection profonde, ceux sur lesquels repose une immuable fidélité.

Le génie des arts avait conçu l'ensemble de la fête ; une imagination fertile en avait calculé les dispositions ; le goût le plus ingénieux, la politesse la plus délicate en avaient embelli tous les détails.

Essayons de donner d'abord une idée des dispositions générales et des décorations.

L'Hôtel-de-Ville de Paris, situé sur la rive droite de la Seine, n'a point de façade sur la rivière. Le bâtiment règne sur un des côtés de la place, et n'a point de construction parallèle qui le continue et l'accompagne. M. Molinos,

architecte du département, auquel on doit le dessin général de la fête, avait élevé dans la place de Grève deux édifices en charpente, destinés à prolonger l'ordre d'archi-
tecture du bâtiment, à former deux ailes nouvelles; l'une
en face de la Seine, et l'autre faisant face à l'Hôtel-de-
Ville. Le dessin de cet édifice était absolument semblable
à celui du bâtiment principal, avec cette exception que
les ornemens et les accessoires en étaient peut-être d'un
goût plus moderne. L'intérieur de l'hôtel avait pris une
face toute nouvelle; on n'y pénétrait plus que par de
belles galeries fraîchement décorées, dans de vastes vesti-
bules, et de magnifiques salles décorées avec le luxe le
plus recherché.

La salle du trône offrait le plus beau coup-d'œil : elle
forme un immense carré long, à l'extrémité duquel s'éle-
vait un trône placé sous un dais. A la gauche, se trouvait
le fauteuil de l'Impératrice; sur une des marches du trône
était un guéridon sur lequel était placé un volume figuré,
avec ces mots : CODE NAPOLÉON, emblème ingénieux et
l'un des titres les plus puissans de l'Empereur à la reconnaissance des Français, et particulièrement à celle des
nombreuses familles qui allaient se réunir au pied du
trône. Toute cette salle était drapée, avec autant de richesse que d'élégance. Tous les panneaux garnis de glaces
de la plus haute dimension, réfléchissaient une illumination
brillante, dont un lustre énorme, élégant, malgré la richesse et le poids de ses cristaux, attirait et multipliait
l'éclat.

La salle destinée au festin offert à Leurs Majestés était
nommée la salle des Victoires, et la nature de ses décorations, des attributs, des tableaux et des inscriptions dont
elle était chargée, justifiait moins encore cette dénomination que le nom des personnages appelés à y prendre place
sous les yeux de l'Empereur.

Sur la porte on lisait : FASTI NAPOLEONI, et de distance
en distance, séparées par des trophées militaires et des
figures armées, les inscriptions que nous croyons devoir
rapporter ici.

1*

Elles ont été composées par M. Petit-Radel, attaché au bureau de statistique du département de la Seine, et elles honorent son érudition et son goût.

〰〰〰〰〰

TRADUCTION.

I.

Ovans.
Ex. Monte. Noli.
III. Id. April.
Ex. Millesimo.
XVIII.
Ex. Pollentia.
XVI. Kal. Maï.

I.

Vainqueur
A Monte Notte,
A Millesimo,
A Mondovi
Les XI, XIV, XVI.
Avril.

II.

Ad. Stvram.
Tanarvm. Q.
Cepit. Arces. Plvres.
Cvm. Alba. Pompeia.
VII. Kal. Maï.
III.
Ceba. Dertona.
Receptae.

II.

Sur les rives
De la Sture et du Tanaro
Prise d'Albe
Et de plusieurs citadelles
Le XXV Avril;
Reddition de Ceva
Et de Tortone
Le XXIX.

III.

Ad.
Conflventem.
Trebiam.
T. Sempronio. Ominosam.
Traiectus. Padi.
Non. Maï.
Certamen. Fombi.
VIII. Id.

III.

Au confluent
De la Trebia,
Où Titus Sempronius
Combattit
Sous des auspices funestes,
Passage du Pô le VII,
Combat de Fombio
Le VII Mai.

TRADUCTION.

IV.	IV.
Pvgna.	Bataille de Lodi
Ad. Lavdem. Pompeiam.	Le xi Mai ;
V. Id. Maï.	Le xiv
Prid. Id.	Il prend Crémone
Cepit. Cremonam.	D'où le consul P.Corn. Scipion
Vnde.	Put à peine échapper
P. Corn. Scipio. Cos.	Des mains d'Annibal.
Hannibalem.	
Vix. Evasit.	

V.	V.
Mincio.	Il passe le Mincio,
Traiecto.	Prend Peschiera
Cepit. Ardelicam.	Le premier Juin ,
Kal. Ivn.	Fait son entrée
Possessa.	Dans Vérone
Ipso. transitv.	Le iii.
Verona.	
iii. Non. Ivn.	

VI.	VI.
Foro. Allieni.	Ferrare ,
Felsina. Ancona.	Ancône , Bologne,
Receptis.	Etant livrées
Picentes. Senones.	Les descendans
Boï. Lingones.	Des Picentins, des Senoniens,
Ad. Obseqvivm.	Des Boiens, et des Lingoniens
Redacti.	Sont soumis
vi. Kal. Qvintil.	Le xxvi Juin.

VII.

Hostis.
Per. Tridvvm.
Fvsvs
Ad Clevsim. et. Benacvm.
iv. Non.
iii. Non.
Prid. Non. Sextil.

VII.

Trois jours de suite
Il met l'ennemi
En déroute
Aux bords de la Chiese
Et du lac de Garda
Les ii, iii et iv
Aoust.

VIII.

Pvgna.
Ardelicensis.
vii. Id. Sextil.
Ad. Athesim.
Edrvm. Q.
Arces. iv. Captae.
iii. Id.
Prid. Id. Sextil.

VIII.

Bataille de Peschiera
Le vi,
Vers l'Adige
Et le lac d'Edro
Prise de iv forteresses
Les x et xi Aoust.

IX.

Ad.
Favces. Evganeas.
Defectione. Scavri.
Fuga.
Catvli. Procos.
Infames.
Praelivm. Roveredi.
viii.
Bassani. Ad. Medoacvm.
vi. Id. Sept.

IX.

Aux gorges
Des monts Euganéens,
Famenx
Par la désertion de Scaurus
Et la fuite
Du proconsul Catulus,
Bataille de Roveredo
Le vi,
De Bassano sur la Brenta
Le viii Septembre.

X.

Castris. Caecinae.
Ad. Tartarvm.
Pvgnatvm.
Id. Sept. xviii. Kal. Octob.
Possessa. Q. Praelio.
Svbvrbiä. Mantvae.
Omni. Cummeatv.
Interclvsae.
viii. Id. Octobr.

X.

On combattit
Dans les camps de Cecina
Prés le Tartaro
Les xiii et xiv Septembre
Le blocus de Mantoue
Fut complet le viii octobre,
xxii jours après la bataille
de Saint-George.

XI.

Ad.
Arcvlvm.
Ponti. Obsesso.
Proposvit. Signvm.
Signifer. Ipse.
Mox. Victor.
xiii. Kal. Dec.

XI.

A Arcole
L'ennemi occupant
La téte du pont,
Il y porte l enseigne
Et la victoire
Le xix Novembre.

XII.

Anno. cioiocclxxxxvii.
Pvgna. Ad. Rivvlos.
xviii. Kal. Febr.
Mantvam . Capit.
Andes. Virgilio.
Servat.
iv. Non. Febr.

XII.

L'an mdccxcvii.
Bataille de Rivoli
xv janvier
Il prend Mantoue,
Protége Andes
En mémoire de Virgile
Le ii Février.

XIII.

Rvbicone.
Transgresso.
Abstinet. Roma.
vi. Kal. Mart.
Codices. Tabvlae.
Signa. pacta.

XIII.

Le Rubicon passé
Il marchoit sur Rome
Il s'abstient d'y entrer.
Le xxiv Février:
Le méme jour on stipule
La remise
Des manuscrits, des tableaux,
Et des statues.

XIV.

Trajectvs.
Tilaventi.
xvii. Kal. April.
It. atq. Itervm.
Hoste. Ad. vndecimvm.
Profligato.
Gradisca. capta.
xiv. Kal. April.

XIV.

Passage
Du Tagliamento
Le xvi Mars;
L'ennemi
Est plusieurs fois battu
A xi milles d'Aquilée,
Et Gradisca prise.
Le xix Mars.

XV.

Ad. svmmas.
Alpes. Carnicas.
Praelivm. Tarvisii.
x. Kal. April.
· Capta. Tergeste.
ix.

XV.

Sur les sommets
Des Alpes Carniques
Combat de Tarvis
Le xxiii,
Prise de Trieste
Le xxiv Mars.

XVI.

Noricvm.
Vitra. Draban.
Progressvs
Sistit.
vii. Id. April.

XVI.

Avancé
Dans la Norique
Au-delà
De la Drave
Il s'arrête
Le vii Avril.

XVII.

Anno cioiccclxxxviii.
In.
Aegyptvm.
Traiiciens.
Cepit Melitam.
Id. Ivn.
Alexandriam.
Kal. Qvint.

XVII.

L'an mdccxcviii.

Dans son trajet d'Egypte
Il prend Malte
Le xiii Juin,
Alexandrie
Le premier Juillet.

TRADUCTION.

XVIII.

Ad Pyramides.
Praeliatum.
XII. Kal. Sextil.
Cepit. Kairam.
Totam. Q.
Aegyptvm inferiorem.
x. Kal. Sextil.

XIX.

ANNO CIƆIƆCCLXXXXVIIII.

Infesto. mari.
Libvrna. traiecto.
Forvm. Ivli.
Octavanorvm.
Regressvs.
VI. Id. Octobr.
Fata. Galliarvm.
Vertit.

XX.

ANNO CIƆIƆCCC.

Svperatis.
Alpibvs. Poninis.
Instavrat.
Castra. Hannibalis
Ad. Ticinvm.
C. Mari.
Ad. Campos. Ravdios.
XVII. Kal. Ivn.

XVIII.

Bataille
Des Pyramides
Le XXI Juillet,
Prise du Caire
Et de toute
La basse Egypte
Le XXIII.

XIX.

L'AN MDCCXCIX.

Sur une frégate
Il traverse
Une mer
Infestée d'ennemis,
Aborde à Fréjus
Le x Octobre,
Et change
Les destins des Gaules.

XX.

L'AN MDCCC.

Il franchit les sommets
Des Alpes Penines,
Renouvelle
Les camps d'Annibal
Vers le Tesin,
Ceux de Marius
Aux champs Raudiens
Le XVI Mai.

XXI.	XXI.
Eporedia.	Ivrée, Verceil, Novare,
Vercellae.	Sont reprises ;
Novaria. recvperatae.	On s'empare
Brixiae	De tous les Magasins
Cremonae. Placentiae.	De l'ennemi
Hostis. Horrea	Près de Brescia ,
Intercepta.	De Cremone et de Plaisance
vii. Id. Ivn.	Le vii Juin.

XXII.	XXII.
Ad	A Casteggio ,
Clastidvm.	Où
Vbi.	M. Claud. Marcellus
M. Clavdivs. Marcellvs.	Remporta
Spolia. opima. retvlit.	Les dépouilles opimes,
Per. diem. integrvm.	Il combat
Pvgnat.	Durant un jour entier
v. Id. Ivn.	Le ix Juin.

XXIII.	XXIII.
De.	Le xiv juin
Faederatis.	Il triomphe
Germanis. Roxolanis.	A Marengo
Italis. Britannis.	Des Germains , des Russes ,
Egit.	Des Italiens
Ex. Marengo.	Des Anglais
xviii. Kal. Quintil.	Confédérés.

TRADUCTION.

XXIV.

ANNO. CIƆIƆCCCII.

S. C. Plebis. Q. Scito.
Cos. Perpetvvs
Ambiani.
Pace. parta.
Iauvm. clvsit.
vi. K. April.

XXIV.

L'AN MDCCCII.

Consul perpétuel
Par un décret du Sénat
Sanctionné par le peuple,
Il ferme
Le temple de Janus
Et conclut à Amiens
Le xxvii Mars
La paix
Qu'il avait conquise.

XXV.

ANNO CIƆIƆCCCIIII.

Imperator.
Senatvs. consvlto
Salvtatvs.
Lavreatvs.
Processit.
iv. Non. Decemb.

XXV.

L'AN MDCCCIV.

Salué
EMPEREUR
Par un Sénatus - Consulte,
Il est couronné
Le ii décembre.

Les autres salles de banquet offraient également des décorations analogues à l'objet de la fête ; celle des tableaux avait pour décoration naturelle les belles productions des arts dont elle est enrichie.

Dans les appartemens, les regards s'attachaient surtout sur deux bustes de l'Empereur et de l'Impératrice, à la ressemblance desquels on ne peut peut-être rien ajouter.

La toilette et le service offerts par la ville de Paris à LL. MM. II., chef-d'œuvres de ciselure, dont la matière, toute précieuse qu'elle est, cède encore au mérite du dessinateur et de l'artiste, étaient placés dans un cabinet particulier.

Des invitations de deux sortes avaient été adressées au nom de la ville de Paris. L'une comprenait la journée

entière et la cérémonie que devait occuper la réception
de LL. MM., l'autre le bal qui devait suivre cette cérémonie. Les avenues étaient libres, faciles, et l'ordre le
plus parfait établi.

Vers midi, l'assemblée a commencé à se former dans
la salle du trône. Chaque personne invitée était reçue
au haut de l'escalier par un des maîtres des cérémonies,
introduite dans le vestibule, annoncée, et admise dans la
salle : une partie des fonctionnaires publics étaient revêtus
de leur costume; les autres, ainsi que tous les hommes
invités, portaient l'habit français et l'épée. Les femmes
étaient toutes mises avec cette décence qui embellit les
grâces, cet éclat qui ne se sépare pas de l'élégance et
la richesse qui appartenaient à une telle circonstance et à
une telle réunion. Elles portaient toutes de belles étoffes
françaises la plupart magnifiquement brodées; le costume
le plus général se rapprochait beaucoup de celui des deux
Médicis.

Vers une heure, l'assemblée complétée se trouvait
composée de ce que Paris renferme de familles distinguées
dans les sciences, les lettres, les arts, et le commerce,
des fonctionnaires publics et des chefs de toutes les
parties de l'administration de Paris, d'une partie des
fonctionnaires civils et militaires des départemens,
appelés à la fête du couronnement, des maires des 36
principales villes de l'Empire, d'une partie des députés
des gardes nationales, et des gardes d'honneur qui se
trouvaient encore dans la capitale.

A une heure, les dames ont été conduites dans la
salle du déjeûner, elles étaient au nombre de six cents,
et seules assises; les honneurs de ce banquet étaient faits
par MM. du corps municipal, et par les hommes invités
qui pouvaient circuler derrière les dames, les servir, et
prendre ensuite les places qu'elles avaient quittées, ou se
réunir à des buffets préparés dans d'autres salles.

Pendant ce déjeûner, M. le maréchal-gouverneur de
Paris est arrivé : il a été reçu au bas du grand escalier
par MM. les membres du corps municipal.

Bientôt après convoqué à haute voix, le conseil municipal s'est formé dans une salle voisine de celle du banquet, et s'est mis en marche pour aller au-devant de LL. MM., ayant à sa tête M. le maréchal-gouverneur de Paris, M. le préfet du département, M. le préfet de police et les secrétaires-généraux de l'une et l'autre préfecture.

Ce cortége s'est rendu à pied jusqu'à la descente du Pont-Neuf, où il a attendu LL. MM. A l'arrivée de leur voiture, M. le maréchal-gouverneur a pris les ordres de l'Empereur, et le corps municipal s'est remis en marche, et s'est trouvé sur le perron de l'Hôtel-de-Ville pour recevoir LL. MM. au moment où elles sont descendues.

L'assemblée était depuis peu d'instans rentrée et réunie dans la salle du trône, lorsque les décharges d'artillerie, et les cris de *Vive l'Empereur!* qui s'élançaient de toutes les parties de la place, annoncèrent l'arrivée de LL. MM. Bientôt, en effet, elles ont paru, précédées des personnes de leurs familles, des grands-dignitaires, des ministres, des grands-officiers de l'Empire, de ceux de la couronne, et du cortége qui avait été à leur rencontre.

L'assemblée était debout, les acclamations les plus vives faisaient retentir la salle, lorsque LL. MM. prirent leurs places, et, sur les degrés du trône, les princes et les dignitaires, tous revêtus de leur grand costume de cérémonie.

M. le maréchal-gouverneur a pris alors les ordres de l'Empereur, et aussitôt M. le conseiller-d'Etat, préfet du département de la Seine, a adressé le discours suivant à LL. MM.

S I R E ,

« Dans cette solennité, dans ce lieu, l'aspect seul des objets qui vous environnent est peut-être le plus éloquent de tous les discours.

» Au dehors sur votre passage, vous avez entendu les vœux du peuple; ses acclamations vous ont accompagné jusque dans cette enceinte redevenue le chef-lieu de sa magistrature municipale, et V. M. a pu connaître combien il s'apprêtait à jouir de l'honneur qu'il y recevait en ce moment par votre auguste présence.

» Ici, au milieu de cette assemblée, où la gravité des sages aime à se trouver unie, en ce jour de fête, aux agrémens d'un sexe qui vous doit la renaissance de l'urbanité française, vous voyez les anciens de la cité, ses chefs, ses magistrats; et dans leurs regards, V. M. peut découvrir quels nobles sentimens les occupent, et combien chacun d'eux voudrait être en cet instant l'interprète de tous, pour déposer en hommage, au pied du trône, le dévouement, l'amour, les respects de la famille entière.

» Enfin, dans ce lieu antique, témoin de l'union de nos pères avec les chefs de la nation, dans ce lieu long-temps abandonné à la destruction durant nos troubles, vous le voyez, Sire, il n'est pas, jusqu'à ces murs eux-mêmes, qui ne semblent chercher à se faire entendre, et qui, relevés tout-à-coup de leurs ruines pour former un nouveau temple de concorde et d'amour, n'aient en effet, dans ce jour de lustration solennelle, une sorte d'éloquence impossible à suppléer.

» Sire, ce peuple, cette assemblée, ces magistrats, ces murs, tout vous dit : Paris est retrouvé. Oui, Sire, Paris est retrouvé, et non pas seulement tel qu'il fut autrefois, aimant presque à son insu, dévoué par tradition, fidèle par habitude, mais aimant, dévoué, fidèle par reconnaissance; non pas tour-à-tour ardent et insouciant, présomptueux et servile, mais éclairé par votre gloire sur le caractère de la véritable grandeur, mais éprouvé par de longues calamités, mûri par sa propre expérience, modifié par la force de vos institutions, recréé en quelque sorte par cette influence supérieure que le génie d'un grand homme exerce sur son siècle. Oui, Sire, Paris est retrouvé, Paris, non le rival, mais l'émule et l'ami des provinces de l'Empire, mais Paris, cette ville hospitalière que le voyageur ne quitte plus sans se promettre d'y revenir encore : cette Athènes de nos jours, où les grâces elles-mêmes s'embellissent par le luxe des arts; cette capitale du monde policé, où les sciences profondes ont su se rendre aimables comme elles l'étaient autrefois dans l'Attique; enfin, cette héritière de Rome, où le génie d'un seul a rassemblé, pour les surpasser encore, tous les siècles de grandeur, et qui, à l'avénement de NAPOLÉON, appelle déjà sur elle les regards du monde vivant, le burin de l'histoire, l'œil de la postérité.

» Sire, voilà vos bienfaits, voici nos vœux :

» D'autres ont régné; mais, au commencement de leur règne, le vague espoir de quelque soulagement, ou de timides supplications pour l'obtenir, étaient presque les seuls desirs à leur exprimer. Certes, il n'en est pas ainsi envers Votre Majesté; et la France se plaît à montrer à l'Europe, que jamais prince ne vit, comme vous, célébrer son glorieux avénement à l'Empire, par ces vives acclamations de tout un peuple qui, dès long-temps gouverné par vous, sait déjà tout ce qu'il doit attendre de son Empereur, et pense, après avoir formé des vœux pour Votre Majesté, n'en avoir plus à former pour luimême.

» Egalement présentes à votre pensée, toutes les parties de ce vaste Empire doivent à Votre Majesté une égale reconnaissance; et pourtant, Sire, tel est l'effet de vos soins que chacune d'elles croyant avoir été l'objet particulier de votre affection, pense aussi vous devoir davanvantage et vous chérir mieux. Ce sont là, Sire, de ces prétentions nationales difficiles à réprimer, plus douces à tolérer, mais que, sur-tout, il faut permettre à cette capitale, qui, glorieuse en effet de ce beau titre, le compterait bientôt pour rien, s'il ne lui assurait le droit d'aspirer à la protection spéciale du chef de l'Empire, de donner en France l'exemple du dévouement à sa per

sonne, et d'offrir même à l'émulation de l'Europe entière le modèle du caractère français régénéré.

» Que ce Paris rendu à lui-même par vous, Sire, que
cette antique Lutèce, chère à César, chère à Julien, chère
aux grands hommes d'entre vos prédécesseurs, le soit
donc toujours à Votre Majesté et à vos descendans, et
que toujours aussi Paris soit digne de vous et de votre
postérité.

» Comme magistrats, en notre nom et au nom de la
grande cité, déjà nous vous avons juré obéissance et fidélité ;
aujourd'hui, Sire, c'est Paris lui-même, Paris tout entier, qui, célébrant la fête de ce serment, jure à son
tour de l'accomplir. Que le bronze, frappé pour consa-
crer la mémoire de cette fête, soit moins durable que
cet engagement ; et s'il est vrai que le souvenir de nos
agitations politiques ne puisse échapper à nos derniers
neveux, que du moins ceux-ci n'en séparent jamais les
vertus qui illustrèrent cette époque orageuse de notre
histoire ! que sur-tout ils nous louent d'avoir su prévoir en
vous le sauveur de la patrie, et de vous avoir imploré
les premiers ! Puissent-ils, fidèles héritiers de leurs
pères, être, jusqu'à la génération la plus reculée, les
plus fermes appuis du trône légué à vos descendans,
et puisse aussi ce trône être toujours, alors comme à
son origine, fondé sur la justice et sur la bienfaisance !

» A ce mot, Madame, tous les regards se tournent
vers Votre Majesté, et tous les cœurs se partageant
aussitôt entre vous et votre auguste époux, vous repor-
tent les mêmes hommages de dévouement et de respect
que sa présence a réclamés d'abord.

» Ici, Madame, comme au jour où vous fûtes cou-
ronnée, c'est moins l'éclat du rang suprême qui fixe
sur vous tous les regards, qui appelle à vous tous les
cœurs, que cette inépuisable bienveillance dont vos
traits portent l'empreinte, dont vos actions offrent le
caractère, et dont la reconnaissance publique est pour
Votre Majesté le plus doux et le plus glorieux témoignage.

Heureux

Heureux le peuple, heureuse la France, qui voient assises sur un même trône les vertus qui font respecter le pouvoir, les grâces qui le font aimer! »

Ce discours a été suivi des applaudissemens réitérés de toute l'assemblée.

L'Empereur a prononcé d'une voix que l'émotion et la sensibilité paraissaient avoir altérée, mais d'un ton paternel, et avec la plus touchante expression, une courte réponse dont voici le sens:

Messieurs du corps municipal, je suis venu au milieu de vous pour donner à ma bonne ville de Paris l'assurance de ma protection spéciale; dans toutes les circonstances je me ferai un plaisir et un devoir de lui donner des preuves particulières de ma bienveillance; car je veux que vous sachiez que, dans les batailles, dans les plus grands périls, sur les mers, au milieu des déserts même, j'ai eu toujours en vue l'opinion de cette grande capitale de l'Europe, après toutefois le suffrage tout-puissant sur mon cœur de la postérité.

Sa Majesté avait à peine fini de parler, que les acclamations les plus vives ont éclaté à la fois de toutes parts, et que les signes les plus éclatans de l'alégresse ont retenti jusque dans la place, et y ont été répétés. C'est alors que les médailles frappées en mémoire de la fête ont été présentées à Leurs Majestés par M. le maréchal-gouverneur.

LL. MM. étant descendues du trône, se sont rendues chacune dans son appartement, en traversant la salle au milieu des cris de Vive l'Empereur, Vive l'Impératrice! Un instant après, S. M. l'Impératrice est passée dans l'appartement de l'Empereur, où M. le maréchal-gouverneur a fait à Leurs Majestés les présentations du corps municipal, dans l'ordre suivant:

1°. MM. les conseillers d'État préfets de département et de police; MM. les secrétaires généraux des deux préfectures; MM. les membres du conseil de préfecture et MM. les deux sous-préfets des arrondissemens de Saint-Denis et de Seaux.

2°. MM. les maires et adjoints des douze arrondissemens de Paris.

3°. MM. les membres du conseil-général municipal; M. de Villeneuve, receveur-général de la ville, et M. Bourdois, médecin du département et des prisons.

4°. MM. du conseil-général d'administration de la commission du comité consultatif des hôpitaux, et MM. les administrateurs et directeur du Mont-de-Piété.

5°. MM. de la chambre du commerce.

6°. MM. le directeur, les commissaires répartiteurs, le receveur-général, les receveurs particuliers, percepteurs des contributions et les régisseurs de l'octroi.

7°. MM. du bureau d'administration et proviseurs des lycées de Paris.

8°. MM. les colonels de la garde nationale de Paris.

Au moment de la présentation du conseil municipal, M. Petit, président, a porté la parole en ces termes:

Sire,

« Les siècles qui nous ont précédés nous ont laissé des usages, et ne nous offrent point de modèles. La France n'avait pas encore vu monter sur le trône un héros qui fût en même temps le restaurateur des autels, un sage législateur, un guerrier invincible, un habile et généreux négociateur, en un mot, qui fût couvert de tous les genres de gloire. Au moment où nous avons le bonheur de posséder V. M. dans l'Hôtel-Commun de la capitale de l'Empire français, nous croyons voir dans un seul homme tous les hommes illustres qui se sont rendus célèbres à ces différens titres. Dans des solennités pareilles à celle de ce jour, nos ancêtres ne pouvaient qu'embrasser des espérances. V. M. a placé, pour nous, dans le passé, l'infaillible garantie de l'avenir. Lorsque le temps aura vieilli le présent, nos descendans verront,

dans toutes les pages de l'histoire, dans tous les monumens du dix-neuvième siècle, que vous fûtes grand parmi
les grands hommes; ils y verront encore que les bons,
les fidelles, les loyaux Parisiens, environnèrent sans cesse
le trône de NAPOLÉON, de cet amour et de ce respect que
vos sublimes vertus commandent à tous les cœurs, et qui
sont les plus fermes soutiens des empires. »

MADAME,

« Les acclamations que vous venez d'entendre ont été
précédées, et seront suivies de bénédictions plus calmes,
et peut-être plus précieuses. Les Parisiens, qui savent
si bien reconnaître ce qui est bon, délicat et noble,
pouvaient-ils ne pas rendre hommage à cette sensibilité
si profonde, à ces grâces si touchantes, à cette dignité si
vraie qui distinguent V. M. L'heureuse influence de ces
rares qualités se fait déjà sentir dans toutes les classes
de la société; et tandis que votre auguste époux élève la
nation française au faîte de la gloire, vous lui faites reprendre le premier rang parmi les peuples les plus renom-
més pour l'urbanité. »

S. M. a accueilli les fonctionnaires qui lui étaient présentés avec la plus touchante bienveillance, et elle l'a portée jusqu'à annoncer elle-même à M. Méjan, secrétaire-
général de la préfecture, qu'elle avait donné l'ordre que
l'aigle de la légion d'honneur lui fût remise; la même
faveur a été accordée à M. Rouillé-de-l'Etang, doyen du
conseil-général, et à M. Champagne, proviseur du Lycée
impérial de Paris.

S. M. a daigné de plus annoncer à MM. les maires de
Paris qu'elle était très-satisfaite de leur administration
depuis quatre années, et qu'elle ne croyait pouvoir leur
en donner un témoignage plus authentique et plus flat-
teur, qu'en leur annonçant qu'elle nommait au sénat
M. Bévière, actuellement doyen des maires de la ville.

C'est à ce moment que les nefs du service de vermeil

12 *

offert par la ville de Paris à LL. MM. II. leur ont été présentées.

LL. MM. ayant été informées qu'elles étaient servies, sont alors passées dans la salle des Victoires, en traversant dans celle du Trône, la haie formée par les membres du corps municipal et les dames invitées.

La table qui leur était destinée était élevée sur une estrade et placée sous un dais.

Les grands officiers de la couronne occupaient la place qui leur est assignée en raison de leurs fonctions : les pages servaient.

Une seconde table était placée dans la même salle sous les yeux de LL. MM. Elle était occupée par les personnes de la Famille Impériale et les grands Dignitaires.

Une troisième table, placée parallèlement à la seconde, était occupée par les ministres, les grands officiers de l'Empire, maréchaux, colonels et inspecteurs-généraux; M. François (de Neufchâteau), président du Sénat; M. Defermont, le plus ancien président de section du Conseil-d'Etat; M. Fontanes, président du Corps Législatif; M. Fabre (de l'Aude), président du Tribunat.

Dans une salle voisine, était une autre table occupée par les dames du palais, les chambellans, maîtres des cérémonies, et autres officiers du palais.

Pendant le dîner, et sans interruption, l'assemblée a été admise à défiler dans la salle, en entrant par l'extrémité voisine de la table de LL. MM., et en ressortant par l'autre extrémité, pour se rendre dans la salle du trône.

Un orchestre était placé dans le vestibule faisant face à LL. MM. Cet orchestre a exécuté, sous la direction de M. Plantade, membre du conservatoire, une simphonie d'Haydn, et un chœur dont les paroles sont de M. Propiac, archiviste du département de la Seine, et la musique de M. Plantade. Le voici :

D'un plaisir pur, en ce beau jour,
Heureux Français, goûtons les charmes !
Que l'éclat imposant des drapeaux et des armes
N'arrête pas les chants de notre amour !
Si d'un héros la sagesse divine
De la discorde apaisa les fureurs ;
Par ses bienfaits l'auguste J O S É P H I N E
De l'infortune adoucit les rigueurs.

On la chérit, on la révère,
A la ville, à la cour, aux champs :
Elle est l'appui des indigens,
De l'orphelin elle est la mère.
D'un plaisir pur, etc. etc.

De tout mortel, en entrant dans ce temple,
L'œil est ravi, le cœur est satisfait :
Plein de respect, il admire, il contemple
Ce que la terre offre de plus parfait ;

Les grâces près de la vaillance,
Les sages avec les guerriers,
Les myrtes unis aux lauriers,
La force jointe à la prudence.
D'un plaisir pur, etc. etc.

Après le dîner, LL. MM. et leur suite sont descendues dans le salon élevé sur la place de l'Hôtel-de-Ville en face du quai : là ont été admises la presque totalité des femmes invitées, et beaucoup d'hommes y ont aussi trouvé place.

C'est au milieu même de ce concours que LL. MM. se sont assises pour voir le feu d'artifice.

L'orchestre établi dans la place en avant de ce salon, et composé d'un nombre immense de musiciens, s'est fait entendre en ce moment : on y a chanté des strophes, dont nous citons la dernière.

Que dans nos temples l'encens fume !

Que l'air brille de mille feux !

Que le salpètre qui s'allume

Jusques au ciel porte nos vœux !

Que l'amour , la reconnaissance

A nos enfans disent son nom ;

Que par-tout on répète en France :

Vive à jamais N A P O L É O N !

Au moment où les acclamations du peuple immense répandu sur la place se mêlaient aux dernières paroles de ce chœur, l'Empereur a mis le feu au dragon, qui , traversant la place avec la rapidité de l'éclair, est allé de l'autre côté de la rivière communiquer l'étincelle à l'artifice.

Le feu était en effet établi sur la rive gauche de la Seine. Là, d'immenses préparatifs avaient été faits ; un vaste amas de charpentes couvertes de toiles peintes , et placées les unes sur les autres, donnait une idée du Mont-Saint-Bernard, de ses sommets élevés , de ses affreux précipices, de ses routes difficiles et glacées. Le feu éclairait une troupe de guerriers gravissant péniblement à travers les abîmes. On croyait voir un volcan, vomissant des flammes du milieu d'une montagne de glace. Au moment du bouquet, l'effigie de l'Empereur a paru éclatante de lumière. Il était à cheval , franchissant le sommet escarpé du Mont. Au même instant des flammes du Bengale éclairaient un vaisseau, emblême de la ville de Paris , qu'un artifice brillant dessinait régulièrement avec tous ses agrès. L'effet de ce feu a été aussi beau que le dessin en était heureusement conçu.

Au feu d'artifice devait , suivant l'ordre général de la fête, succéder un concert dans l'intérieur ; mais on avait rapproché la ligne formée autour de l'orchestre de la place, afin qu'il pût être mieux entendu du peuple : les issues se sont trouvées interrompues, et il a été impos-

sible aux musiciens de rentrer à l'Hôtel-de-Ville. LL. MM.
ont bien voulu témoigner que ce défaut d'exécution d'une
des dispositions de la fête ne leur paraîtrait nullement
sensible; que même elles s'en félicitaient, puisque pour
dédommagement elles trouvaient l'occasion de s'entretenir plus long-temps avec les personnes invitées, qui se
pressaient autour d'elles. En effet, l'Empereur a adressé
la parole au plus grand nombre des dames qu'il a ren-
contrées sur son passage dans toutes les salles où il s'est
long-temps promené, questionnant comme s'il cherchait
l'occasion d'un bienfait, conversant avec bienveillance,
et conservant dans tous ses entretiens la plus constante
affabilité.

C'est après avoir ainsi plusieurs fois parcouru les diverses salles occupées par l'assemblée, que LL. MM.,
rentrées dans celle du trône, ont permis que le bal s'ou-
vrît en leur présence.

Le premier quadrille était ainsi composé :

S. A. I. la princesse Louis, et M. Méjan, fils du secrétaire-général de la préfecture; S. A. I. la princesse
Caroline, et M. Germain, fils de l'ancien régent de la
Banque de France; S. E. M. le Maréchal d'Empire, gouverneur du Palais, et madame Daviliers, épouse du né-
gociant de ce nom, membre du conseil-général du département; madame la maréchale Ney, et M. Edouard
de Gals, l'un des jeunes gens qui, choisis par le prince
pour remplir les fonctions de maîtres des cérémonies,
s'en sont acquittés avec une grâce parfaite et une exquise
politesse.

Les acclamations de l'assemblée et le bruit de l'artillerie ont annoncé le départ de LL. MM. Elles ont été
reconduites jusqu'au-delà de la porte extérieure de l'Hôtel-de-Ville par M. le Maréchal-gouverneur et par le Corps
municipal. Il était plus de neuf heures.

Après le départ de LL. MM., le bal a continué dans
les salles du trône de la victoire et du commerce, et il
est devenu extrêmement nombreux et fort animé; les

quadrilles étaient composés d'une manière très-brillante :
M. le Maréchal-gouverneur a dansé plusieurs contre-
danses, et ne s'est retiré qu'à deux heures du matin. Le
bal s'est prolongé jusqu'à cinq ; et pendant toute sa durée, tout ce qui pouvait concourir à rendre cette partie
de la fête digne de toutes les autres avait été déployé
avec une abondance, une variété et une recherche telles,
qu'il était, sous ce rapport, réellement impossible d'avoir
quelque chose à désirer et de ne l'obtenir pas à l'instant.

Tel était l'ordre de la fête dans l'intérieur de l'Hôtel-
de-Ville : au dehors, tous les moyens avaient été pris
pour attirer l'attention sur tous les points. L'illumination
de la Ville et du nouvel édifice était magnifique à la
fois et élégante ; mais d'autres illuminations avaient été
préparées, d'autres feux d'artifice étaient dispersés. Sur
les quais qui conduisent du Palais impérial à la place
de l'Hôtel-de-Ville, étaient placées, de distance en distance, des colonnes parfaitement illuminées, qui faisaient,
de cette avenue de près d'une demi-lieue, une vaste galerie de feux, entre les arcades de laquelle s'élevaient
des gradins de fleurs, d'arbustes et d'orangers.

Sur douze places principales appartenant à chacun des
douze arrondissemens, et sur-tout sur celle dite des In-
nocens, des jeux publics avaient été disposés, des or-
chestres se faisaient entendre, les feux d'artifice écla-
taient, les refrains populaires passaient de bouche en
bouche, des danses se formaient, les fontaines faisaient
jaillir des flots de vin ; et par une idée ingénieuse, éta-
blissant l'ordre le plus parfait au milieu du mouvement
et de l'empressement le plus vif, des loteries donnaient
pour lots des bons-au-porteur acquittés sur-le-champ par
des restaurateurs dont les buffets immenses semblaient
inépuisables.

Les édifices publics et une grande quantité de maisons
particulières étaient illuminés. L'empressement à obtenir
des places pour le passage du cortége, était presque égal
à celui du jour du couronnement, et les acclamations

n'ont point été moins vives. Le temps le plus serein a constamment favorisé cette belle journée, qu'aucun accident n'a troublée, et dont Paris gardera le souvenir au nombre de celles qui, le faisant bien connaître, donnent une idée juste du bon esprit qui l'anime, et des sentimens dont il s'honore.

PROJET

DE

SÉNATUS-CONSULTE,

RELATIF au recensement des votes émis par le peuple français pour l'hérédité de la dignité Impériale ;

Présenté au Sénat dans sa séance du 2 brumaire an XIII, par MM. BIGOT-PRÉAMENEU et REGNAUD (de Saint-Jean-d'Angely), Orateurs du Conseil d'État.

Le Sénat-Conservateur, réuni au nombre de membres prescrit par l'article 90 de la constitution,

Délibérant sur le message de Sa Majesté Impériale, du 1er. de ce mois ;

Après avoir entendu le rapport de sa commission spéciale, chargée de vérifier les registres des votes émis par le peuple français, en exécution de l'article 142 de l'acte des constitutions de l'Empire, en date du 28 floréal an XII, sur l'acceptation de cette proposition :

« Le peuple français veut l'hérédité de la dignité
» impériale dans la descendance directe , naturelle ,
« légitime et adoptive de Napoléon BONAPARTE,
» et dans la descendance directe , naturelle et légi-
» time de *Joseph* Bonaparte , et de *Louis* Bona-
» parte », ainsi qu'il est réglé par le Sénatus-consulte
de ce jour (28 floréal an XII).

Vu le procès-verbal fait par la Commission spéciale ,
et qui constate que 3,524,254 citoyens ont donné leurs
suffrages , et que 3,521,675 citoyens ont accepté ladite
proposition ;

Déclare ce qui suit :

Article premier.

La dignité impériale est héréditaire dans la descendance directe , naturelle , légitime et adoptive de Napoléon
BONAPARTE, et dans la descendance directe, naturelle et
légitime de *Joseph* Bonaparte , et de *Louis* Bonaparte ,
ainsi qu'il est réglé par l'acte des constitutions de l'Empire , en date du 28 floréal an XII.

II. Le présent Sénatus-consulte sera présenté au Sénat
demain 2 brumaire , par MM. Bigot - Préameneu et
Regnaud (de Saint-Jean-d'Angely), Conseillers d'Etat.

Au palais de Saint-Cloud , le premier brumaire an XIII.

Signé NAPOLÉON. Par l'Empereur : *le secrétaire d'Etat,*
signé Hugues B.-Maret.

DISCOURS prononcé par M. Bigot-Préameneu,
l'un des Orateurs du Conseil d'État.

Sénateurs,

L'opinion publique et les malheurs dont la nation
était menacée, vous avaient convaincu que des institutions durables pouvaient seules mettre la France à
l'abri des tourmentes révolutionnaires, et que le sort
de ce grand Empire ne pouvait être confié qu'à celui
qui, par ses victoires et par son génie, avait fait cesser
cet état de dissolution sociale dans lequel diverses formes
de gouvernement, inutilement essayées, n'avaient pu
lui faire recouvrer son existence, et le laissaient en proie
aux déchiremens des factions et aux complots des cons-
pirateurs. Vous avez les premiers annoncé les besoins du
peuple et le vœu que vous saviez déjà être généralement
formé.

Ce que vous ne pouviez alors présenter que comme
un vœu, a sur-le-champ pris tous les caractères
de la volonté nationale la plus fortement prononcée;
ces institutions qui n'étaient point encore déterminées,
l'ont été par une voix qui, spontanément et dans le
même instant, s'est fait entendre d'un bout de la France
à l'autre. Les habitans des villes, ceux des campagnes,
tous les corps de l'État se sont empressés de déclarer
que la France ne pouvait avoir un gouvernement heureux et conserver son rang entre les Etats de l'Europe,
si son chef n'était revêtu de la dignité impériale, et
si cette dignité n'était pas héréditaire dans sa famille.

Tous ont été animés par les mêmes motifs.

Ils ont cédé à l'expérience des siècles qui prouve que
les grands Etats ne sauraient se maintenir si l'autorité
n'est concentrée dans des mains qui puissent par-tout
la rendre également active et respectable, et si cette
autorité n'est transmise d'une génération à l'autre par

un ordre de succession tel que les factions et l'ambition ne puissent le troubler.

Tous ont reconnu par leur propre expérience que si déjà la France a repris son ancien éclat; si elle est reconnue par l'univers entier comme la première et la plus puissante des nations policées; si elle est gouvernée par les meilleures lois que la sagesse humaine ait encore établies; si l'ordre le plus parfait règne dans toutes les parties de l'administration; si les sciences, les arts, et tous les genres d'industrie reprennent leur libre et entière activité, tant d'avantages substitués comme par enchantement à tant de maux, qui semblaient irréparables, sont l'ouvrage de la constance, de la fermeté, du dévouement, et du génie d'un seul homme.

Ils ont reconnu que tous les principes de gouvernement aussi heureusement mis en action, sont ceux qui peuvent fonder la vraie liberté; que par eux sera maintenue l'égalité des droits; que les talens et les vertus sont assurés de leur récompense; que les propriétés reposent sur des bases inébranlables, et qu'elles sont à jamais affranchies de la tyrannie féodale; que la liberté des cultes n'a jamais été plus protégée; que sous tous les rapports la dignité de l'homme, avilie en France par les abus de l'ancien régime, se trouvait pleinement rétablie; enfin que tous les vœux formés par la nation se trouvaient accomplis.

Ils ont été convaincus que cette immense opération ne pourrait être maintenue et consolidée que par celui qui avait été doué d'un génie assez vaste pour la concevoir et pour l'exécuter, et qu'après lui, sa famille illustrée par tant de gloire, et devenue chère à la nation par d'aussi beaux titres, ne pourrait avoir d'autre volonté ni d'autre intérêt que celui de maintenir un ordre social, qui seul peut assurer le bonheur du peuple, bonheur sans lequel il n'est point de gloire pour ceux qui le gouvernent.

Le chef que tous les citoyens s'empressaient ainsi

d'adopter, leur avait été donné par la providence elle-même. Né avec des qualités dont on chercherait en vain un autre exemple dans les siècles antérieurs, il semblait réservé pour le moment où la France et avec elle l'Europe seraient menacées d'un bouleversement destructeur de toute civilisation. S'il est parvenu au plus haut degré de grandeur auquel un homme puisse s'élever; s'il doit être mis au-dessus de ceux que leur victoire ou leur génie ont rendus célèbres, c'est parce qu'il n'a jamais eu pour but que le bonheur des hommes; c'est parce qu'aucun autre n'a été plus ardent ni plus habile à imaginer ou à faire agir les ressorts qui peuvent régénérer, maintenir ou accroître, avec la civilisation, la paix entre les peuples, les mœurs dans chaque nation; et puisqu'entre tous les gouvernemens l'on devait préférer celui dans lequel l'autorité du chef de l'Etat était héréditaire, n'était-elle pas également indiquée par la providence comme étant faite pour le bonheur du peuple, cette famille auguste pour qui tous les principes consacrés par son chef immortel seront un pacte sacré?

Tels ont été, sénateurs, les sentimens qui, dans toutes les parties de la France, ont été manifestés avec ce genre d'enthousiasme que pouvaient inspirer la force de la vérité, la certitude du bonheur de trente millions d'hommes, l'amour de la patrie, la reconnaissance envers celui qui non seulement avait sauvé l'Etat, mais auquel chaque citoyen devait l'assurance de sa fortune et de sa vie.

Telles ont été aussi les bases de ce sénatus-consulte, à jamais célèbre, par lequel NAPOLÉON BONAPARTE a été proclamé Empereur des Français, et dont le dernier article porte que la proposition suivante sera présentée à l'acceptation du peuple, dans les formes déterminées par l'arrêté du 20 floréal an X.

« Le peuple français veut l'hérédité de la dignité im-
» périale dans la descendance directe, naturelle, légi-
» time et adoptive de NAPOLÉON BONAPARTE, et dans
» la descendance directe, naturelle et légitime de *Joseph*

» Bonaparte et de *Louis* Bonaparte, ainsi qu'il est
» réglé par le sénatus-consulte organique. »

Cette disposition a été exécutée : plus de 3,500,000
citoyens ont donné leurs suffrages ; et sur ce nombre
celui des citoyens qui ont déclaré une opinion différente
est si peu considérable, qu'il servira seulement à prouver
que cette volonté nationale et presque unanime a été prononcée avec cette pleine indépendance qui devait sanc-
tionner un aussi grand acte.

Il ne vous reste donc plus, sénateurs, qu'à déclarer
cette volonté du peuple, et tel est l'objet du sénatus-
consulte que nous sommes chargés de vous présenter.

Le plus beau jour de notre vie est celui où nous pouvons partager au milieu de vous cette vive émotion que
cause à tout bon Français la certitude du bonheur dont
la France jouira sous l'empire du Héros et du sage que
nous admirons de plus en plus chaque jour, et que nous
portons tous dans notre cœur; sous l'empire d'une famille
dont le ciel conservera dans une longue suite de siècles
l'existence nécessaire pour perpétuer ce bonheur. Mais
déjà j'ai à me reprocher d'avoir retardé un instant votre
délibération ; et s'il m'est permis d'exprimer d'un seul
mot les sentimens dont nous sommes agités, je répéterai
avec toute la France : Vive l'Empereur ! vive son auguste famille !

RÉPONSE de son Excellence M. François (*de
Neuf-Château*), *président du Sénat-Conservateur.*

Le sénat vient d'entendre avec le plus vif intérêt ce
que vous avez dit avec la plus douce éloquence, en dé-
posant sur son bureau le relevé des votes émis par le
peuple français sur l'importante question que le sénat-
conservateur a dû soumettre à ses suffrages. La volonté

nationale ne pouvait être interrogée sur un objet plus digne d'intéresser la nation. Le peuple a répondu. Nous allons prendre les moyens de vérifier la manière dont il s'est expliqué; et nous arriverons ainsi, en suivant scrupuleusement les formes qui nous sont prescrites, au moment de remplir la fonction auguste de proclamer le vœu du véritable souverain sur la transmission héréditaire et immortelle de la grande magistrature de l'Empire français.

Sans vouloir devancer le résultat de ce travail, je puis vous assurer du moins de l'empressement du sénat pour faire ce grand examen, et parvenir au complément de la mesure décisive qu'il avait commencée le 28 floréal dernier, et qu'il s'agit de clorre d'une manière indestructible.

Tout ce qui avait précédé ce jour si mémorable, tout ce qui s'est passé depuis, a bien justifié la résolution prise par le sénat d'affermir désormais les destinées de la patrie, en élevant au trône celui qui s'est montré si digne de régir la première des nations. Nous avons pris sans doute un parti peu commun; mais l'homme qui en est l'objet est si supérieur, et lui-même en un mot si extraordinaire, que l'on sera toujours beaucoup plus étonné de ce qu'il a fait pour la France que de ce qu'elle a fait pour lui. Chaque instant de son existence renouvelle son sacrifice aux intérêts de son pays. Je n'irai point chercher mes preuves en Italie ni en Egypte; je ne ne le suivrai point au pied des Alpes ni des Pyramides; sans m'écarter si loin, je ne m'arrêterai qu'à l'époque récente du voyage de l'Empereur.

Dans l'article XVI de l'acte des constitutions du 28 floréal, il est écrit que l'Empereur visite les départemens; et cette disposition, suivie dès cette année, l'a été de manière à être transformée en un bienfait public.

Vous le savez, messieurs, on a bien vu des princes qui, sans quitter jamais leur cour, étaient pour ainsi dire toujours absens de leurs États. Celui qui ne gouverne point n'est présent nulle part.

Mais quelle différence entre l'invisibilité de ces fantômes couronnés, de qui les règnes les plus longs n'étaient qu'une éternelle éclipse, et l'éclat dont brille sans cesse l'astre que le génie fait luire sur nos têtes ! astre toujours serein, quoique toujours en mouvement ; qui vivifie en même temps toutes les parties de l'Empire, et n'éclaire pas moins celles dont il s'éloigne que celles même qu'il parcourt !

Pendant près de trois mois que S. M. I. a quitté son palais pour les camps et pour les frontières, nous avons compté tous les jours qu'a durés son absence ; nous les avons comptés par le nombre des monumens et des grands souvenirs que cette ame féconde laisse par-tout sur son passage.

Dans cette marche triomphale que traçaient devant lui les ombres de César et de Charlemagne, nous l'avons suivi en idée de Boulogne à Aix-la-Chapelle, de Bruxelles à Cologne et de Mayence à Luxembourg. Ces fameuses cités, redevenues françaises par la force des armes, le seront bien plus désormais par la douceur des lois. Les contrées qui ont le bonheur de voir l'Empereur des Français, sont cómme de nouveau conquises à l'Empire.

Eh ! quand la sagesse commande, qui regretterait d'obéir ? Eh ! qui pourrait se refuser à l'admiration qu'imposent cette prévoyance si vaste, ces travaux si infatigables, ce dévouement si absolu de tous les instans d'une vie enchaînée au bonheur et à la gloire des Français ?

Trois mois de cette vie illustre feraient l'histoire d'un long règne.

Comment pourrais-je rassembler dans un cadre précis tout ce qu'a opéré de bien en un si rapide intervalle l'activité qui semble multiplier les heures et doubler l'existence du héros des Français ? Dans ce tableau si resserré, combien d'objets frappent ma vue !

Ces grands travaux exécutés dans le port de Boulogne, à Wimereux, à Ambléteuse :

Le

Le 28 thermidor, jour fortuné de la naissance de NAPOLÉON BONAPARTE, achevant d'affermir les digues de Cherbourg et créant l'arsenal d'Anvers :

Les aigles de l'honneur tirés par un héros des casques de Duguesclin et de Bayard, pour décorer leurs successeurs à la vue de nos ennemis :

Ces ennemis aveugles essayant vainement d'écraser de la masse de leurs citadelles flottantes l'avant-garde de nos chaloupes, encouragée par la présence, non d'un simple amiral, mais du chef même de l'Etat, qui a tout calculé, excepté son propre danger :

Au milieu de ces soins guerriers, les ressources de nos finances préparées pour l'an XIII comme au sein d'une paix profonde :

Plusieurs décrets impériaux, répandant la lumière au milieu du chaos des titres et des décombres féodaux de la rive gauche du Rhin :

Les temples du commerce relevés aux bords de ce fleuve, à Cologne, à Mayence :

La fosse Eugénienne rouvrant à la Meuse et au Rhin son lit abandonné :

Des routes dessinées à travers des contrées jusqu'ici presque inaccessibles :

La main qui venait de lancer sur nos perfides ennemis les foudres de la guerre, signant en même temps pour l'intérieur de la France les bienfaits de la paix ; car comment nommer autrement le décret du 7 fructidor, donné au Pont-de-Brique, qui promet à l'agriculture la bienveillance impériale ?

Le décret du 24 du même mois de fructidor, daté d'Aix-la-Chapelle, qui appelle tous les dix ans sur les marches du trône les hommes les plus distingués dans la culture des sciences, des lettres et des arts, pour être couronnés des propres mains de l'Empereur ?

Le décret plus récent du 9 vendémiaire, qui érige

Code Impérial. 13

enfin dans Mayence une place publique sous le nom de ce Guttemberg, inventeur de l'imprimerie, qui a changé chez les modernes la marche de l'esprit humain ?

La mémoire de Fénélon, le précepteur des princes et le sincère ami des peuples, consacrée par la fête que S. M. l'Empereur a autorisée dans Cambrai :

L'ombre de Vauban consolée des outrages qu'elle a reçus, et son cœur bientôt apporté sous le dôme des Invalides, à côté du cœur de Turenne, par les ordres d'un prince qui sait rendre justice aux grands hommes de tous les siècles, et qui aime sur-tout ceux qui, comme Vauban, ont empêché la France d'être la proie des étrangers :

Tant d'autres sublimes pensées, tant d'autres grands objets, qui ne peuvent pas être encore connus, et qui n'ont laissé en arrière aucun des plus petits détails d'un gouvernement :

Voilà une esquisse imparfaite du tableau que présentent les quatre-vingts journées employées au voyage de Sa Majesté Impériale.

Ce n'est pas tout encore : dans le même temps l'Empereur a entretenu jour par jour avec tous ses ministres une correspondance lumineuse et profonde ; suite étonnante de chef-d'œuvres dont le mystère fait partie des secrets de l'Etat, mais dont la publication, si elle était jamais possible, ajouterait encore à la gloire de son auteur, et suffirait à elle seule pour lui fonder dans l'avenir une nouvelle renommée.

L'Empereur était loin de nous ; cependant on le sait, messieurs, et il est bon de le redire, la ville de Paris, appuyée sur sa providence, a été constamment tranquille ; la véritable liberté n'y fut jamais plus respectée. Cette superbe capitale a vu ses habitans jouir comme autrefois des charmes de la société. La foule s'est portée au salon des arts, ou à la contemplation des immenses préparatifs qui annoncent de toutes parts les fêtes du couronnement.

Vainement l'Angleterre a cru, pour exciter des troubles, saisir l'instant de cette absence. Non, le génie de l'Empereur est toujours au milieu de nous : il a fondé notre repos, les inspirations anglaises ne peuvent pas plus le troubler que leurs machines infernales n'ont réussi dans le projet d'incendier nos ports.

Ah ! ce n'est qu'aux incendiaires qu'il appartient d'être inquiets. Leur île est dans les transes et les convulsions de son agonie politique. Nous sommes dans le calme et la sécurité de notre nouvelle existence. Le ciel, favorable aux desseins du grand homme qui nous gouverne, semble lui accorder en tout les présages les plus heureux.

Digne chef des guerriers modernes, à son arrivée à Boulogne, son logis militaire a pu être construit des débris d'un camp des Romains.

Auguste Empereur des Français, c'est dans les remparts même d'Aix-la-Chapelle et de Maïence, cités naguère germaniques, qu'il a pu recevoir les Princes de la Germanie, jaloux d'admirer de plus près celui qui a fixé les destins de la France.

Père adoré de la patrie, la veille même de ce jour où Paris devait le recevoir, il a su que Paris avait vu naître dans son sein un Prince, nouveau gage de la stabilité de l'acte des constitutions du 28 floréal dernier.

Sous quel auspice favorable il commence la vie, ce nouvel héritier du nom le plus cher aux Français! Précurseur des fêtes du sacre et du serment de l'Empereur, qu'il ajoute un tendre intérêt à l'enthousiasme qu'inspire cette grande solennité! Quel évènement important pour le système politique que l'intérêt du peuple nous a fait proposer, et qui va être enfin ratifié et proclamé par son expresse volonté!

Ceci me ramène, messieurs, à l'objet de votre discours. Peut-être ai-je été emporté trop loin du but de ma réponse quand je me suis abandonné au plaisir d'exprimer, en vous parlant de l'Empereur, tout ce que nous pensons pour

13 *

lui : je n'ai pu contenir un sentiment si naturel. Pourrions-nous sans ingratitude jouir des avantages d'un bon gouvernement, et nous taire sur les merveilles dont nous sommes témoins ? Nous pouvons rendre cet hommage à la vertu, quoique vivante, sans crainte d'être démentis par la postérité. Les paroles peuvent flatter ; c'est le danger de l'éloquence : les faits seuls sont irrécusables ; c'est le langage de l'histoire. En lisant ce que fit le grand Napoléon, la postérité sera juste et l'admirera comme nous ; mais c'est à ses contemporains, heureux de vivre sous ses lois, de lui rendre une autre justice, et de l'aimer comme il doit l'être.

C'est à nous sur-tout, Sénateurs, à nous féliciter d'avoir vu une époque qui sera un jour si fameuse dans les fastes du monde ; d'avoir pu concourir à réconcilier la liberté du peuple avec l'autorité de la puissance exécutive ; et enfin d'avoir préparé, sous l'influence d'un grand homme, le retour de notre patrie au seul régime politique convenable à son territoire, propre à sa population, assorti à tous ses besoins.

Le 28 floréal dernier, nous découvrîmes la façade de ce grand édifice : vous nous apportez aujourd'hui les matériaux attendus pour poser sa dernière pierre. Assise sur le vœu du peuple, elle sera inébranlable. Le *dix - huit brumaire* s'avance ; de grands souvenirs s'y attachent. Nous rendrons son anniversaire aussi heureux que solennel quand nous pourrons dire aux Français : O chers concitoyens, vos volontés sont accomplies, et les destinées de l'Empire cimentées pour l'éternité !

Messieurs, le Sénat va renvoyer le projet du Sénatus-consulte et les pièces qui l'accompagnent à une Commission spéciale, qui lui fera un rapport sur l'objet important que vous venez de lui transmettre.

PROCÈS-VERBAL du Recensement des votes émis par le peuple français sur l'hérédité du pouvoir impérial, dressé en exécution de l'arrêté du Sénat, du 2 brumaire an XIII.

Le 3 brumaire au XIII, les Sénateurs soussignés, membres de la Commission spéciale chargée, par délibération du sénat en date du jour d'hier, de l'examen du projet de Sénatus-consulte que Sa Majesté Impériale a fait remettre ledit jour au Sénat par des orateurs du Gouvernement, ainsi que du recensement des votes émis par le peuple français sur la proposition suivante : « Le peuple veut l'hérédité de la dignité impériale dans » la descendance directe, naturelle, légitime et adoptive » de NAPOLÉON BONAPARTE, et dans la descendance » directe, naturelle et légitime de JOSEPH BONAPARTE, et » de LOUIS BONAPARTE, ainsi qu'il est réglé par le Séna- » tus-consulte organique du 28 floréal an XII : » après avoir considéré que, si les registres contenant lesdits votes se trouvent à la disposition du Sénat, le déplacement et le transport d'une quantité aussi considérable de papiers entraîneraient des lenteurs, ont arrêté, pour la célérité de l'opération, de se transporter au dépôt provisoire où sont ces papiers.

Et de suite ils se sont transportés dans une maison occupée par la première division du ministère de l'intérieur, où la remise desdits papiers leur a été faite.

Ils ont trouvé les registres de chaque département réunis en un ou plusieurs dossiers, et le tout classé dans un ordre très-régulier.

Conformément au décret du 29 floréal, ces registres ont été ouverts aux secrétariats de toutes les administrations et de toutes les municipalités, aux greffes de tous les tribunaux, chez tous les juges de paix, et chez tous les notaires ; chaque dépositaire d'un registre l'a arrêté, et après avoir porté au bas le relevé des votes et certifié le tout, l'a adressé au maire de sa municipalité; celui-ci l'a fait passer au sous-préfet de son arrondissement, avec un relevé de lui certifié et conforme au modèle qui avait été envoyé; chaque sous-préfet a transmis au préfet les registres de son arrondissement, avec un relevé de lui certifié et conforme aussi à un second modèle imprimé; chaque préfet a ensuite adressé au ministre de l'intérieur les registres de son département, avec un relevé général de lui certifié et conforme à un troisième modèle également imprimé.

Les votes émis dans le département de la Seine ont été adressés soit au préfet du département, soit au préfet de police, soit directement au ministre de l'intérieur. Les chefs de chaque établissement ou corps ont certifié le contenu des registres.

Plusieurs maires ne s'étant pas conformés aux instructions qu'ils avaient reçues, ont adressé directement au ministre de l'intérieur les registres de leur commune: on les a renvoyés aux préfets, qui les ont transmis de nouveau, après les avoir légalisés et certifiés.

Tous les départemens sans aucune exception ont envoyé leurs registres.

Il est parvenu quelques votes isolés: on n'en a point tenu compte.

Le ministre des relations extérieures a envoyé à celui de l'intérieur les votes des Français employés ou résidens momentanément en pays étrangers: quelques-uns de ces votes avaient été adressés immédiatement par les votans; d'autres ont été consignés sur des registres ouverts à cet effet chez nos agens diplomatiques qui les ont certifiés.

Un grand nombre de supplémens de votes étant parvenus au ministre de l'intérieur depuis la confection du tableau annexé au projet de Sénatus-consulte, ces supplémens ont été représentés aux commissaires, qui ont arrêté, 1°. de former deux résultats, le premier du montant des votes tel qu'il était à l'époque où ledit tableau a été dressé ; et le second contenant le nombre total des votes tel qu'il est aujourd'hui, d'après les registres et les supplémens ; 2°. d'annexer au présent procès-verbal un tableau *par Départemens*, où les derniers supplémens ne seraient pas compris ; 3°. de faire dresser, pour être annexé également au procès-verbal, un second tableau par arrondissemens de sous-préfectures, qui présentera la totalité des votes actuels.

De la vérification et du recensement opérés de la manière susdite, il résulte que, sur la proposition de l'hérédité du pouvoir impérial, telle qu'elle est énoncée en l'article 142 du Sénatus-consulte du 28 floréal dernier, et rapportée au commencement du présent acte, le nombre des votans, tel qu'il était parvenu peu de jours avant la rédaction du projet de Sénatus-consulte, en y comprenant les 400,000 votes de l'armée de terre et les 50,000 des armées navales, se trouve de 3,524,254, et le nombre des registres de 60,870 ; que le nombre des votes affirmatifs est de 3,521,675, et celui des votes négatifs de 2,569.

Il résulte, 2°. que le nombre des votans, tel qu'il se trouve aujourd'hui d'après la totalité des pièces représentées aux commissaires, est de 3,574 908 votans, et le nombre des registres de 61,968 ; que le nombre des votes affirmatifs est de 3,572,329, et celui des votes négatifs de 2,579 : qu'ainsi le nombre des votes affirmatifs excède aujourd'hui de 50,654 la quantité des mêmes votes énoncée au projet de Sénatus-consulte.

Le procès-verbal ci-dessus arrêté et clos le 13 brumaire an XIII, et signé de chacun des membres de la Commission.

Signé à la minute, LACÉPÈDE, BOISSY-D'ANGLAS, JAUCOURT, ROEDERER, LENOIR-LAROCHE, DÉMEUNIER et VERNIER.

RAPPORT fait au Sénat, dans sa séance du 15 brumaire an XIII, par le sénateur FOUCERER, au nom de la Commission spéciale chargée de l'examen du projet de Sénatus-consulte relatif au recensement des votes émis pour l'hérédité.

SÉNATEURS,

LE procès-verbal dont vous venez d'entendre la lecture constate que 3,572,329 citoyens ont déclaré vouloir l'hérédité de la dignité impériale dans la descendance directe, naturelle, légitime et adoptive de NAPOLÉON BONAPARTE, et dans la descendance naturelle et légitime de JOSEPH BONAPARTE, et de LOUIS BONAPARTE, ainsi qu'il est réglé par le Sénatus-consulte du 28 floréal an XII.

Ce nombre de votans, vous le savez, Sénateurs, constitue le corps de l'État : les femmes, les mineurs, les hommes en état de domesticité, les indigens, les malades, les absens, forment plus de cinq sixièmes de la population nationale.

Ce nombre excède celui des citoyens qui, en l'an VIII, ont conféré le suprême pouvoir à NAPOLÉON, et celui des votes qui, en l'an XII, le lui ont conféré pour la vie. Ce progrès ne vous paraîtra pas moins remarquable que ne l'a été la provocation du vœu national trois fois répétée par le chef de l'État. Élevé à ce rang par l'enthousiasme général, il sembla vouloir lui-même en appeler deux ans après à l'expérience et à la froide justice : malgré le mal-aise qu'à cette époque l'insuffisance des récoltes faisait éprouver au peuple, la reconnaissance publique lui répondit par une acclamation encore plus générale que la première. Il provoque aujourd'hui une nouvelle expression de la volonté nationale, au milieu de la souffrance inséparable d'un état de guerre ; et l'affection publique se lève encore pour déclarer qu'elle veut cimenter, perpétuer l'union établie entre elle et son Chef, et mettre dans une dépendance mutuelle la destinée de ses héritiers et celle de nos derniers neveux.

Vous aviez pressenti ou plutôt reconnu le vœu national, Sénateurs, lorsque par votre message du 6 germinal dernier vous demandâtes au Chef de l'Etat d'*assurer aux enfans le bonheur que lui devaient les pères*. Vous pouvez vous féliciter de cette heureuse intelligence des desirs du peuple : elle est le fruit de la fidèle habitude où vous êtes de méditer sur ses intérêts et de consulter ses sentimens.

Le peuple français a dû vouloir l'hérédité du pouvoir suprême.

L'histoire de tous les âges et de tous les pays avait dès long-temps montré aux hommes éclairés l'utilité de cette institution. Les esprits les moins cultivés purent en savoir autant que les sages, quand la nation eut recommencé sur elle-même, pendant dix années de révolution, l'expérience de tant de peuples et de tant de siècles, et après que tant d'histoires se furent reproduites et mises en action dans cette histoire de dix ans, où chaque citoyen fut acteur et témoin.

Dans cette révolution où le peuple français se montra si formidable à ses ennemis, il apprit à craindre deux fléaux qui sont ordinairement la suite l'un de l'autre, la guerre civile et l'anarchie; il apprit à les prévoir par-tout où pouvait en reposer le germe, et à en découvrir le principe par-tout où il se trouverait caché. Il envisagea comme une crise nouvelle la vacance d'un pouvoir électif; il vit avec joie la loi de l'Etat conférer au restaurateur de l'Etat la faculté de désigner son successeur; à celui qui avait su recommencer la gloire de la France, le droit de choisir le plus capable de la conserver; à celui qui devait trouver l'immortalité dans ses œuvres, le droit de préférer celui qu'il jugerait le plus intéressé à l'assurer : d'ailleurs il avait pu, ainsi que le peuple romain, prévoir dans le règne d'Antonin celui de Marc-Aurèle. Mais l'avenir n'offrait pas les mêmes suretés ; le présent était agité de l'inquiétude de l'avenir ; l'expérience autorisait à craindre également pour la suite, et les élections populaires, et les désignations arbitraires : elle demandait pour nos neveux ce système complet de l'hérédité qu'elle a consacré, ce système dont la puissance est égale pour écarter toute semence de discorde, et du sein de la famille régnante, et du sein de la nation ; ce système qui, d'un côté, préservant des influences des cours, prévient de l'autre et les influences de l'étranger toujours trop sensibles dans les élections, et celles des anciennes prétentions, et celles des nouvelles ambitions ; les factions, les séditions, la corruption ; des élections opposées entre elles, des acclamations opposées aux élections ; des règnes tumultueux sous des princes faibles, à qui un grand parti dispute son titre, à qui le reste de l'État vend chèrement l'aveu qu'il lui donne ; des règnes tyranniques et sanguinaires sous des princes violens qu'irritent les partis contraires ; des interrègnes plus funestes que les plus mauvais règnes : temps où périssent les lois, et où la société tombe dans une déplorable dissolution.

Autant il est naturel que les opinions soient partagées sur des choix qui sont l'ouvrage d'une ou plusieurs opinions, autant il est naturel que le respect public s'attache aux nominations que fait la loi, qu'elle fait d'avance pour un long avenir, sans acception de personne, et surtout en se conformant aux règles générales qui concernent l'hérédité des droits impartageables dans les familles.

L'institution de l'hérédité du pouvoir est forte contre les prétentions et contre les ambitions particulières, parce qu'elle place les héritiers naturels du trône sous la sauvegarde de ces habitudes et de ces opinions communes à tous les citoyens qui, dans les successions, font passer les droits indivisibles à celui des descendans, ou, à défaut des descendans, à celui des collatéraux que l'âge fait considérer comme le plus sage et le plus fort.

Cette institution est puissante, parce qu'elle met l'héritier du pouvoir, dès l'instant de sa naissance, en possession des esprits, et qu'elle lui soumet les enfans des citoyens au sortir de leur berceau. Quand il se présente pour régner au moment marqué par la loi, il ne trompe aucune espérance, il n'étonne aucune ambition, il ne blesse aucun titre, il n'offense aucun amour-propre. Né sur le trône, il n'avait plus qu'à s'y asseoir.

Cette institution est forte, parce qu'elle attache étroitement à tous les héritiers du prince tous les descendans des familles considérables qui ont reçu de lui quelque bienfait, ou ont été placés près de lui dans un rang honorable.

A ces motifs de respect pour l'hérédité, se joint l'idée universellement établie, qu'elle contribue à la douceur du Gouvernement, et à l'excellence de l'administration. Elle contribue à la douceur du Gouvernement en unissant dans l'esprit du prince le sort de sa postérité et celui de l'Etat, et en tendant à les confondre dans ses affections. Elle conseille au prince la conservation et le bonheur de sa famille pour la sureté de l'Etat, et le bonheur public pour la gloire et la sureté de sa famille ; elle recommande à sa prudence l'établissement ou le maintien de toutes les institutions propres à préserver ses successeurs de la négligence ou de l'abus du pouvoir, les seuls ennemis que la stabilité puisse trouver irréconciliables sous le système de l'hérédité.

Elle contribue à l'excellence de l'administration, nous dirions presque à ses merveilles, en attachant aux mêmes vues une longue suite de princes animés du même esprit, dirigés par un même intérêt, en imposant à chacun l'accomplissement des desseins utiles qui ont été conçus par ses prédécesseurs, en promettant à tous l'exécution parfaite des ouvrages utiles qu'ils auront entrepris, en favorisant ainsi la conception des plus vastes projets d'intérêt général. L'hérédité seule peut réunir, et, si l'on peut s'exprimer ainsi, rendre présent dans chaque règne l'intérêt de plusieurs autres règnes, entretenir dans une

constante intelligence tous les âges et toutes les parties
d'un grand empire, unir l'Océan et la Méditerranée, le
Nord et le Midi, le passé et l'avenir.

Telles ont été, Sénateurs, les considérations générales
qui ont fait désirer en France l'hérédité du suprême
pouvoir. Vous n'avez pas oublié les circonstances où ce
sentiment s'est développé dans toute son énergie. Les
factions étaient dissipées, les séditions n'étaient plus à
craindre ; mais les poignards, dernière ressource des prétentions renversées, des ambitions comprimées, étaient
pour la troisième fois, depuis quatre ans, levés sur le
Chef de l'Etat. Outre les dangers qui venaient le chercher
dans son palais, on prévit dans cette guerre nouvelle que
sa modération n'avait pu prévenir ceux qu'il irait chercher lui-même au sein de l'orgueilleuse contrée qu'ha-
bitent les éternels ennemis de la France. Chacun alors
sentit son propre péril, et les alarmes de ce moment pé-
nible sollicitèrent vivement pour l'avenir comme pour
elles-mêmes la seule institution qui promît de la sécurité.
Deux frères, dont le Chef de l'Etat a dès long-temps
éprouvé les talens, les vertus et l'affection, tous deux
signalés par des services éminens, l'un au sein des conseils, dans les affaires les plus graves et dans les négociations les plus importantes, l'autre dans les batailles ; celui-ci couvert de glorieuses cicatrices ; le premier décoré
de quatre traités de paix mémorables, qui ont été son
ouvrage : ces deux frères semblaient répondre à la nation
de l'établissement de l'hérédité dans la descendance de
leur auguste famille, en préservant le suprême pouvoir
du danger de tomber à sa première transmission dans une
minorité. Ils répondaient même de la conservation du
Chef de l'Etat, en rendant inutile, par leur seule existen-
tence, tout attentat sur sa personne. Ainsi, Sénateurs, si
d'un côté les circonstances étaient urgentes, de l'autre
elles étaient propices lorsque vous annonçâtes le vœu
général pour cette hérédité, que la volonté formelle du
peuple français transmet à la descendance de NAPOLÉON
ou de ses deux frères.

« Ce n'est pas, a dit l'immortel auteur de l'Esprit des
» Lois, ce n'est pas pour la famille régnante que l'ordre
» de succession est établi, mais parce qu'il est de l'in-
» térêt de l'Etat qu'il y ait une famille régnante ». Sans
doute, Sénateurs, la dernière partie de cette proposition
recevra du temps présent une nouvelle sanction; mais
pour l'ordre de succession qui s'établit aujourd'hui en
France, l'affection vouée à la famille régnante n'a pas
moins influé que la politique. Le peuple français a
sans doute le sentiment de son intérêt; mais il en a
toujours dédaigné les calculs. En lui l'intérêt est aujourd'hui confondu avec l'admiration qu'inspirent les
grandes qualités, les grandes actions, les grands hommes,
avec la reconnaissance qu'inspirent les choses utiles qui
lui sont consacrées, avec l'amour qu'inspirent les témoi-
gnages de dévouement, et sur-tout d'amour dont il est l'objet. Ce fut l'admiration générale qui, dans le principe,
établit le pouvoir du prince qui nous gouverne; c'est
un sentiment, plus doux et plus durable encore, qui en
vote aujourd'hui la perpétuité. Quand la nation vit briller
dans le commandement des armées un esprit de gouvernement étendu comme l'Empire, fort comme les circonstances, éclairé comme le siècle, elle admira, elle espéra:
le pouvoir épars se rendit comme de lui-même dans les
mains de Bonaparte; il n'eut qu'à les fermer pour le saisir, et les mouvoir pour l'exercer. Mais quand elle eut
considéré pendant près de cinq années cette infatigable
application de l'esprit le plus flexible à la fois et le plus
fort à tout ce qui intéressait le bien public; quand elle
eut vu cet esprit qui portait tant de lumières dans les
conseils, néanmoins en chercher toujours dans ses conseils mêmes, et bientôt franchir l'enceinte de sa cour et
de la capitale pour aller jusqu'aux extrêmes frontières
recueillir des vérités utiles, au sein du peuple, dans
l'étude de ses intérêts et de ses besoins; quand elle eut
remarqué le soin qu'il prenait d'honorer les mœurs, qui
sont les auxiliaires des lois, et les lumières, qui soutiennent et perfectionnent les mœurs; quand elle eut vu
son courage et son dévouement héroïque affronter les pé-

rils de la guerre, qu'il pouvait dompter par son seul génie, chercher une victoire en Italie, en préparer une
autre sur l'Océan; en un mot réaliser ce que Montesquieu
a dit de Charlemagne, *qu'il finissait de toutes parts les
affaires qui renaissaient de toutes parts,* et remplir cette
tâche dans un temps où le Gouvernement embrasse bien
d'autres intérêts, et exige bien d'autres lumières qu'au
temps de Charlemagne...... Alors la nation prit l'habitude
de se reposer sur lui du soin de son bonheur; elle s'attacha au pouvoir qu'il exerçait comme au bien-être qu'elle
tenait de lui; elle s'attacha à sa famille comme à l'espérance de conserver ces biens dont il la faisait jouir : elle
voulut cette union indissoluble qu'elle vient de contrac-
ter, et qui va fixer dans le cœur des Français un sentiment qui leur a toujours été naturel; le besoin d'aimer
le chef qui les gouverne, et de s'en voir aimés, d'ensei-
gner à leurs enfans l'amour du prince, et de voir les princes
élevés dès l'enfance à l'amour du peuple.

Hâtons-nous, Sénateurs, de déclarer le vœu de la nation aux nations étrangères. Elles auront vu les anciens
monarques de la France tirer leur puissance d'une source
différente : les uns furent élevés sur le pavois par leurs
soldats; d'autres furent couronnés par les seuls grands
de l'Etat; un grand nombre reçurent leur consécration
uniquement de leur clergé. Ce triple spectacle, qui va
se reproduire dans un même évènement, aura été précédé
d'un autre plus imposant, la manifestation libre des suffrages unanimes d'une nation où l'on peut compter autant
de citoyens qu'il y a de chefs de famille, et où les lumières ont pénétré dans toutes les classes de citoyens.
Elles auront vu puiser ainsi la force avec le pouvoir dans
sa véritable source, et la dignité impériale s'élever par
l'étroite union du prince le plus digne de respect avec la
nation la plus digne d'amour, à une hauteur jusqu'à
présent inconnue.

de la dignité impériale.

Sur ce rapport, le Sénat a, dans la même séance, adopté le projet de Sénatus-consulte, ordonné l'impression du rapport de sa Commission spéciale, ainsi que du procès-verbal de recensement des votes, et arrêté qu'il se transporterait en corps au palais impérial pour offrir à l'Empereur ses respectueuses félicitations, sur le nouveau témoignage de confiance et de gratitude que le Peuple français vient de donner à Sa Majesté Impériale.

M. le président du Sénat a été chargé de demander le jour et l'heure où Sa Majesté voudrait bien recevoir le Sénat.

DISCOURS

ADRESSÉ A L'EMPEREUR

PAR *son excellence M.* FRANÇOIS (*de Neuf-Château*), *président du Sénat, dans l'audience solennelle où S. M. I. a reçu le Sénat conservateur au palais impérial des Tuileries , à Paris, le* 10 *frimaire an XIII , veille du sacre et du couronnement de Sa Majesté Impériale.*

Quæ si longa fuerit oratio , cum magnitudine comparetur ; ità fortassis etiam brevior videbitur.

Si mon discours était trop long, je demande qu'on le mesure à la grandeur de mon sujet ; peut-être il paraîtra trop court.

SIRE,

Le premier attribut du pouvoir souverain des peuples, c'est le droit de suffrage appliqué spécialement aux lois fondamentales. C'est lui qui constitue les véritables citoyens. Jamais chez aucun peuple ce droit ne fut plus libre , plus indépendant, plus certain, plus légalement exercé, qu'il ne l'a été parmi nous depuis l'heureux dix-huit brumaire. Un premier plébiscite mit pour dix ans entre vos mains le rênes de l'État. Un second plébiscite vous les confia pour la vie. Enfin, pour la troisième fois,

la

la nation française vient d'exprimer sa volonté. Trois millions cinq cent mille hommes (1), épars sur la surface d'un territoire immense, ont voté simultanément l'empire héréditaire dans l'auguste famille de Votre Majesté. Les actes en sont contenus dans soixante mille registres (2) qui ont été vérifiés et dépouillés avec scrupule. Il n'y a point de doute ni sur l'état ni sur le nombre de ceux qui ont émis leur voix, ni sur le droit que chacun d'eux avait de la donner, ni sur le résultat de ce suffrage universel. Ainsi donc le Sénat et le Peuple français s'accordent unanimement pour que le sang de Bonaparte soit désormais en France le sang impérial, et que le nouveau trône élevé pour Napoléon et illustré par lui ne cesse pas d'être occupé ou par les descendans de Votre Majesté ou par ceux des princes ses frères!

Ce dernier témoignage de la confiance du Peuple et de sa juste gratitude a dû flatter le cœur de Votre Majesté Impériale. Il est beau pour un homme qui s'est dévoué comme vous au bien de ses semblables d'apprendre que son nom suffit pour rallier un si grand nombre d'hommes. Sire, la voix du peuple est bien ici la voix de Dieu. Aucun Gouvernement ne peut être fondé sur un titre plus authentique. Dépositaire de ce titre, le Sénat a délibéré qu'il se rendrait en corps auprès de Votre Majesté Impériale. Il vient faire éclater la joie dont il est pénétré, vous offrir le tribut sincère de ses félicitations, de son respect, de son amour, et s'applaudir lui-même de l'objet de cette dé-

_____

(1) Le nombre juste est de trois millions cinq cent soixante-deux mille trois cent vingt-neuf.

Voyez le Procès-verbal dressé par la commission spéciale du Sénat, dans la suite du Recueil des pièces relatives à l'établissement du gouvernement impérial héréditaire, p. 58.

(2) Le nombre juste est de soixante mille neuf cent soixante-huit registres.

Voyez le même Recueil, page 58.

Sup. du Code Impérial. 14

marche, puisqu'elle met le dernier sceau à ce qu'il attendait de votre prévoyance pour calmer les inquiétudes de
tous les bons Français, et faire entrer au port le vaisseau
de la république.

Oui, Sire, de la république! Ce mot peut blesser les
oreilles d'un monarque ordinaire. Ici le mot est à sa place
devant celui dont le génie nous a fait jouir de la chose
dans le sens où la chose peut exister chez un grand peuple:
vous avez fait plus que d'étendre les bornes de la république; car vous l'avez constituée sur des bases solides.
Grâces à l'Empereur des Français, on a pu introduire dans
le gouvernement d'un seul les principes conservateurs
des intérêts de tous, et fondre dans la république la
force de la monarchie. Depuis quarante siècles on agite
la question du meilleur des gouvernemens; depuis
quarante siècles, le gouvernement monarchique était considéré comme étant le chef-d'œuvre de la raison d'état et
le seul port du genre humain. Mais il avait besoin qu'à
son unité de pouvoir, et à la certitude de sa transmission,
on pût incorporer sans risque des élémens de liberté. Cette
amélioration dans l'art de gouverner est un pas que Napoléon fait faire en ce moment à la science sociale. Il a posé
le fondement des États représentatifs; il ne s'est pas borné
à leur existence présente; il a mis dans leur sein le germe
de leur perfection future. Ce qui manque à leur premier
jet doit sortir de leur propre marche. C'est l'honneur de
l'âge présent; c'est l'espérance et le modèle des siècles à
venir.

Sire, parmi les plus grands hommes dont la terre peut
s'honorer, le premier rang est réservé pour les fondateurs
des Empires. Ceux qui les ont détruits n'ont eu qu'une
gloire funeste; ceux qui les ont laissé tomber sont par-tout
des objets d'opprobre. Honneur à ceux qui les relèvent!
Non seulement ils sont les créateurs des nations, mais ils
assurent leur durée par des lois qui deviennent l'héritage
de l'avenir. Nous devons ce trésor à Votre Majesté Impériale; et la France mesure à la grandeur de ce bienfait

les actions de grâces que le Sénat-Conservateur vient vous présenter en son nom.

Si une république pure avait été possible en France, nous ne saurions douter que vous n'eussiez voulu avoir l'honneur de l'établir; et dans cette hypothèse, nous ne serions jamais absous de ne l'avoir pas proposée à un homme assez fort pour en réaliser l'idée, assez grand personnellement pour n'avoir pas besoin d'un sceptre, et assez généreux pour immoler ses intérêts aux intérêts de son pays. Eussiez-vous dû, comme Lycurgue, vous bannir de cette patrie que vous eussiez organisée, vous n'y auriez pas hésité. Vos méditations profondes se sont portées plus d'une fois sur un si grand problème; mais pour votre génie lui-même, ce problème était insoluble.

Les esprits superficiels, frappés de l'ascendant que tant de succès et de gloire vous ont valu de si bonne heure sur l'esprit de la nation, ont pu s'imaginer que vous étiez le maître de lui donner à volonté le gouvernement populaire ou le régime monarchique. Il n'y avait point de milieu : personne ne voulait en France, de l'aristocratie; mais le législateur doit prendre les hommes tels qu'ils sont, et leur donner les lois, non pas les plus parfaites que l'on puisse inventer, mais, comme Solon, les meilleures de celles qu'ils peuvent souffrir. Si le ciseau d'un grand artiste tire à son gré d'un bloc de marbre un trépied ou un dieu, on ne travaille pas ainsi sur le corps d'une nation. Sire, il est vrai que votre vie est tissue de prodiges : mais quand vous auriez pu ployer la nature des choses et le caractère des hommes au point de jeter un moment les masses de la France dans un moule démocratique; cette merveille n'eût été qu'une illusion passagère : si nous y eussions concouru, nous n'aurions forgé que des fers pour la postérité.

Le vaste miroir du passé est la leçon de l'avenir. Toutes les républiques célèbres dans l'histoire ont été concentrées ou sur des montagnes stériles ou dans une seule cité : hors de là, ce régime a fait, dans tous les temps, le désespoir et la ruine des provinces sujettes. La liberté des uns ne pouvait subsister que par l'esclavage des autres. Le peuple-roi était dans Rome, et le reste du monde n'était compté pour rien. La France n'est point dans Paris. Une commune audacieuse voulait y usurper la place de la nation; mais elle a prouvé seulement, ce qu'on savait déjà, que la pire des tyrannies est celle qui s'exerce sous le nom de la liberté.

Quand nos représentans, placés sur les débris du trône, crurent fonder la république, leurs intentions étaient pures : avant d'être désenchantés par une triste expérience, ils adoraient de bonne foi ce fantôme trompeur qu'ils prenaient pour l'égalité. Nous pouvons parler d'une erreur dont nous avons pu être un moment éblouis. Eh! qui aurait pu s'en défendre? le torrent populaire emportait malgré eux les plus indifférens. Mais ceux qui embrassaient avec une franchise aveugle la république de Platon, supposant qu'un grand peuple pouvait renouveler ses mœurs aussi rapidement qu'il réformait ses lois, ne voyaient pas que les piliers de cet édifice idéal portaient uniquement sur un espace imaginaire. Des hommes généreux s'écriaient avec Cicéron : Quel doux nom que la liberté (1)! Ils oubliaient que Cicéron se plaignait déjà de son temps que ce n'était qu'un mot, et que l'esprit républicain ne pouvait plus sympathiser avec la lie de Romulus (2). Comment nous flattions-nous de faire une démocratie, quand, pour y réussir, il faudrait rassembler des hommes qui fussent tous également de sang-froid, désintéressés, supérieurs à leur nature, c'est-à-dire, des hommes qui n'eussent presque rien d'humain? Sans cela, la démocratie n'aura jamais pour terme que la tempête des partis et l'anarchie modifiée. Et quels fléaux, grand Dieu, que les partis et l'anarchie! La France les a éprouvés, et leur seul souvenir la fera long-temps frissonner.

---

(1) Dulce nomen libertatis ! CICERO.

(2) Non sumus in republicâ Platonis, sed in fece Romuli. CICERO.

On dit que les anciens Perses, pour convaincre le peuple du danger effroyable des abus de la liberté, pratiquaient un usage bien extraordinaire : ils s'inoculaient un moment la peste des corps politiques. Quand un de leurs rois était mort, il y avait cinq jours passés dans l'anarchie, sans autorité et sans lois. La licence n'était ni réprimée alors, ni châtiée ensuite : c'étaient cinq jours abandonnés à l'esprit de vengeance, aux excès, à la violence ; pour tout dire, c'étaient cinq jours de révolution. Cette épreuve, dit-on, faisait rentrer le peuple avec beaucoup de joie sous l'obéissance du prince.

Oh ! que n'a pas coûté à notre nation le déplorable essai qu'elle a fait de ces saturnales de la licence politique, non pendant cinq jours seulement, mais pendant les longues années de nos déchiremens et de nos troubles intestins ! Quels fruits amers ont recueillis de leur enthousiasme ceux qui avaient rêvé des théories républicaines ! à quelle horrible alternative se sont trouvés réduits ceux qui, persuadés de l'erreur d'un grand peuple et néanmoins pleins de respect pour les décisions de la majorité, n'ont su d'abord quel parti prendre entre l'ivresse populaire qui les punissait sur-le-champ de leur incertitude, et la conviction de l'intérêt national, qui leur montrait en perspective, dans un avenir éloigné, ce retour aux principes, ou plutôt ce miracle dont nous sommes témoins, mais qu'alors on pouvait désirer seulement, sans oser l'espérer ! La Justice et la Vérité sont les filles du Temps. La révolution devait avoir un terme; mais par quelles routes sanglantes devions-nous y être amenés? et qui pouvait prévoir que ces affreuses tragédies obtiendraient de nos jours un dénouement si glorieux ?

Après des fluctuations plus terribles que celles d'une mer agitée, on crut avoir trouvé un remède infaillible aux convulsions populaires par l'établissement d'une polygarchie. Le dépôt de l'autorité dans les mains de plusieurs valait mieux que l'absence ou la dispersion

de cette autorité; mais on ne pouvait pas enfermer
dans un même corps des ames différentes et des volontés opposées, ainsi que le manichéisme plaçait deux
principes contraires à la tête de l'univers. La lutte de
ces deux principes aurait anéanti la France, sans le
parti qu'on prit de revenir enfin à un pouvoir plus
concentré. C'est ce qui consacre à jamais la journée
du 18 brumaire.

C'est aussi ce qui vous ramène et vous attache, Sire,
ceux des républicains dont le patriotisme a pu être le
plus fervent et le plus ombrageux. Ils s'étaient affermis
dans leur haine contre le trône par leur attachement
aux intérêts du peuple, et le desir ardent de la félicité publique. Leurs idées n'ont été remplies que par
votre gouvernement : désabusés de leur chimère, et
ramenés par vous à la réalité, ils sont bien convaincus
qu'il était impossible de songer sérieusement à implan-
ter la république, proprement dite, chez un peuple
attaché à la monarchie par besoin, par instinct, par la
force d'une habitude que rien ne peut détruire. Oui,
Sire, sur ce point il n'y a plus qu'un sentiment. Oui,
le gouvernement d'un seul est pour un si vaste pays ce
que la statue de Pallas fut autrefois pour les Troyens :
en la leur enlevant, on précipitait leur ruine.

Mais ce n'est pas encore assez. L'unité de l'Empire
est le faisceau de sa puissance; mais les dards en seraient
bientôt désunis et rompus, si l'hérédité du faisceau n'en
assurait pas le lien. Un ordre de succession, déterminé
d'avance, est le plus ferme appui du Gouvernement monarchique. Aussi, par l'élection même qui vous fait Empereur, le Sénat et le Peuple se sont-ils dépouillés du
droit d'élire à l'avenir, tant que subsisteront les lignes
glorieuses auxquelles ils transmettent le droit exclusif à
l'Empire. C'est un grand fidéicommis, consacré par le
droit des gens, et dont la nation a senti la nécessité,
afin de n'avoir plus de lacune à prévoir ni de troubles
à craindre dans cette délégation de son pouvoir suprême.

Parmi les résultats heureux de la loi de l'hérédité, telle

que les Français viennent de l'adopter, la sagacité du grand
Peuple lui a fait distinguer deux avantages principaux :
c'est d'abord qu'une dynastie élevée par la liberté sera
fidelle à son principe : on ne voit point de fleuves qui
remontent contre leur source. C'est qu'en outre on doit
espérer, d'une tradition suivie dans ce gouvernement
paternel et perpétuel, une nouvelle consistance pour le
crédit public, soit au-dedans, soit au-dehors. Dans l'intérieur en effet, quelle sécurité plus grande pour les
créanciers de l'État, que la loyauté éprouvée de Votre
Majesté Impériale, l'exactitude, sans exemple en tout
autre pays, dans le paiement des arrérages, et la garantie prolongée que présente pour l'avenir une suite constante et non interrompue d'Empereurs, héritiers de vos
intentions comme de votre dignité? Quel gage pour les
fonds publics, que celui qui se trouve assigné à la fois
sur la gloire de votre nom et sur l'honneur de votre
Empire! Dans l'étranger aussi, sur quelle base plus so-
lide vont reposer nos alliances! C'est l'intérêt commun
qui fait tous les nœuds de ce monde : les amis de la
France pouvant compter sur elle, elle pourra compter sur
eux ; et cette superbe contrée, replacée dans l'Europe au
rang dont la faiblesse l'avait laissé déchoir, pourra exercer
désormais une influence permanente sur le repos des
nations et sur la paix du continent. Nous n'avons pas
d'autre intérêt, et vous avez assez prouvé que vous n'avez
pas d'autres vues.

Quant à nos ennemis, s'ils persistent à l'être, leur désespoir doit redoubler en considérant le service qu'ils
nous ont rendu malgré eux. Nous avons été avertis par
leurs trames atroces. Pour dernière ressource ils médi-
taient des crimes ; nous devions les rendre inutiles. Ainsi
donc, à quelques égards, notre bonheur est leur ouvrage.
Mais, Sire, en attendant que leurs yeux se dessillent, ou
que notre armée indignée aille punir leur perfidie, notre
bonheur fait leur supplice. Quel spectacle pour eux que
celui de la France, de cette même France qu'ils vou-

laient déchirer, et qu'ils doivent savoir maintenant réunie autour de son auguste chef, ayant un même esprit,
formant les mêmes vœux, et célébrant tranquillement les
fêtes qui annoncent l'union de la liberté, ce premier des
mobiles, avec ce grand système conservateur des nations,
la monarchie héréditaire!

Il est bien vrai que ce principe avait été reçu en
France ; mais malheureusement son application n'était ni
fixe ni réglée. L'ordre de succéder au trône, qu'on appe-
lait la loi salique, n'était point une loi, mais une cou-
tume observée par une tradition vague et qui ne fut jamais
écrite. Au lieu de lois fondamentales, nos ancêtres ne nous
avaient guère laissé que des maximes dont le sens s'était
dépravé au gré des partisans du pouvoir arbitraire. *Qui
veut le roi si veut la loi*, dans la langue de nos aïeux,
cet adage ne signifie autre chose sinon que le roi ne veut
rien que ce que veut la loi ; mais on sait trop qu'on lui
donnait un sens précisément contraire. Loin que le prince
se fît gloire de dépendre des lois, on voulait que les lois
dépendissent du prince. Dans cette monarchie informe
et inconstante, tour-à-tour militaire et superstitieuse,
féodale et fiscale, rien n'était défini. On n'avait aucun
monument vraiment constitutionnel, aucun pacte du
genre de ceux que les capitulaires caractérisent par ces
mots : *La volonté nationale publiée sous le nom du prince.*
C'était ce monument, c'était ce pacte que voulaient, en
1787, les arrêts de toutes les cours ; en 1788, les cahiers
de tous les bailliages ; en 1789, les vœux de tous les citoyens. On demandait que le contrat entre le monarque
et le peuple fût reconnu et rédigé de manière à lier ensemble le peuple et le monarque. On désirait que celui-
ci signât de bonne foi la définition du pouvoir monarchique donnée par Fénélon, lorsqu'il dit si précisément :
« Les lois de Minos veulent qu'un seul homme serve
» par sa sagesse et par sa modération à la félicité de tant
» d'hommes, et non pas que tant d'hommes servent par
» leur misère et leur servitude lâche à flatter l'orgueil

» et la mollesse d'un seul homme (1) ». On voulait que le chef d'un grand Etat comme la France promît, à son avénement, non pas d'être le roi des nobles ni d'aucune autre caste, mais le chef de la nation; non pas de maintenir les priviléges usurpés, qui, dans un pays agricole et chez un peuple industrieux, flétrissaient néanmoins l'agriculture et l'industrie pour enrichir de leurs dépouilles les complices du despotisme, mais qu'il jurât au peuple ces articles fondamentaux, ces bases éternelles des sociétés policées :

La liberté des cultes, ce premier droit de tous les hommes, puisque l'autorité ne peut jamais forcer la conscience ;

L'égalité des droits de tous les citoyens, égalité qui est la seule raisonnable et possible;

Le respect pour la liberté politique et civile, sans lesquelles les nations ne sont que des troupeaux d'esclaves également indifférens à la fortune de leurs maîtres et à leur propre destinée;

La garantie inviolable de la propriété, qui prévient sur-tout la levée des impôts arbitraires, et ne permet aucun subside, direct ou indirect, sous quelque nom que ce puisse être, qu'en vertu de la loi;

Enfin le rapport général de son gouvernement au seul but primitif de tout gouvernement, l'intérêt, le bonheur et la gloire du peuple.

C'est le fond du serment que Votre Majesté Impériale va prêter au peuple français; ce sont les propres termes que vous avez choisis pour faire votre loi et celle de vos successeurs. D'après les circonstances, Votre Majesté y ajoute l'engagement de maintenir,

L'intégrité du territoire de la république française, qui doit rester indivisible;

Les acquisitions des biens nationaux, qui ont été la solde de notre indépendance;

_____

(1) Télémaque, livre V.

La sublime institution de votre légion d'honneur, digne prix des services rendus à la patrie.

Avec ces accessoires, ce serment remarquable paraît avoir été écrit sous la dictée de la nation tout entière : c'est à ce prix aussi que la nation tout entière jure de vous être fidelle. Ces deux sermens se correspondent; ils se garantissent l'un l'autre : ce sont les anneaux réciproques d'une alliance indissoluble ; et parmi tant de grandes vues qui distingueront à jamais le Sénatus-Consulte du 28 floréal, ce qui cimente tout l'ouvrage, ce qui lui imprime le sceau de l'immortalité, Sire, c'est la pensée du titre des sermens (1). Le vertueux Trajan en avait eu l'idée à Rome; mais il n'en donna que l'exemple : ce ne fut de sa part qu'un trait neuf et sublime (2), qui ne fut pas la règle des autres empereurs; au lieu que Votre Majesté en a fait un devoir non-seulement à ceux qui devront après elle monter au trône impérial, mais à ceux qui seront les régens de l'Empire dans les cas de minorité. Ainsi tout se trouve prévu. C'est cet art de lier l'avenir au présent qui est le secret du génie.

Depuis long-temps la France ne demandait qu'un pareil acte : il était à la fois sollicité par l'éloquence des écrivains les plus profonds; reconnu nécessaire, même au sein de la cour, par les ministres les plus sages; invoqué, en un mot, par un cri général dans les classes les plus vulgaires; mais ceux qui étaient appelés à occuper le premier rang chez le premier des peuples, étaient loin d'être à son niveau. S'il faut surpasser en vertu ceux qu'on surpasse en dignité, il ne faut pas non plus leur être inférieur par la raison. Le peuple français était mûr pour améliorer son état politique. Hélas! bien loin de l'y aider,

(1) Voyez, dans le premier Recueil des actes relatifs à l'établissement du gouvernement impérial héréditaire, le Titre VII du Sénatus-Consulte du 28 floréal, page 60.

(2) Trajan prêta, debout, un serment énergique au consul de l'année, assis dans sa chaise curule.

on lui a fait courir le risque de voir la France se dissoudre, au gré de ceux qui desiraient d'effacer son nom sur la
carte. Elle était devenue le foyer d'un volcan qui ébranlait
le monde, mais qui s'engloutissait lui-même.

Pour fermer cet abîme, il ne fallait plus qu'un Curtius :
suivant l'idée profonde d'un auteur politique (1), il fallait
qu'un grand homme choisît, pour le théâtre de son gouvernement et la matière de sa gloire, les ruines de cet état
qu'il se proposerait de refondre et de rajeunir. Il fallait
que cet homme fût digne de donner son nom et d'imprimer son mouvement à une dynastie nouvelle. Il fallait
qu'il fût au-dessus de ses contemporains, de leur avec,
par leurs suffrages, sans contradiction ni des siens ni
des étrangers. Dans l'état où se trouvent les sociétés ac-
tuelles, on sent, comme autrefois, le besoin d'être gouverné ; mais les moyens de gouverner sont devenus plus
difficiles, parce que leur objet est plus vaste et plus com-
pliqué. Labruyère a bien dit qu'il *ne faut ni art ni science
pour exercer la tyrannie* : cela fut vrai dans tous les
temps. Mais fonder un Empire modéré et durable sur
trente-deux millions d'hommes, braves, sensibles, éclairés ;
mais savoir s'arrêter soi-même et ne faire servir la gloire
éclatante des armes qu'au maintien paisible des lois ; mais
tenir en suspens d'une main ferme et juste les deux bas-
sins de la balance où sont en équilibre d'un côté les devoirs du prince, et de l'autre les droits du peuple ; mais
faire ce prodige au dix-neuvième siècle, ce ne peut être
le partage que d'un esprit supérieur.

Nous n'avons rien dans nos annales qu'on puisse mettre
en parallèle. Nous pouvons du moins les citer : c'est encore un de vos bienfaits ; car Votre Majesté Impériale
restitue aussi aux Français l'usage de leur propre histoire,
qui, sans vous, leur serait devenue étrangère.

Dans un siècle moins avancé, nous lisons que Philippe-

---

(1) Le Florentin Machiavel, trop loué par les uns et trop
décrié par les autres.

Auguste, avant le combat de Bouvines, mit sa couronne sur l'autel ; et, la faisant voir à ses troupes, leur dit à haute voix : « Français, si vous croyez qu'un autre mé- » rite mieux que moi de porter la couronne, la voilà: » nommez le plus digne ; je suis prêt à lui obéir. Mais » si vous me croyez capable de vous commander, il vous » faut défendre aujourd'hui votre chef et vos biens, vos » familles et votre honneur. ». A ces mots les soldats tombèrent à ses pieds, et demandèrent à genoux sa béné- diction, qui fut suivie de la victoire.

Que cet exemple, Sire, s'applique heureusement à Votre Majesté Impériale ! non pas qu'elle ait besoin de nous adresser ces paroles ! C'est le Sénat-Conservateur et le peuple français qui vous assurent par ma voix qu'ils sont fiers de leur Empereur. S'ils vous ont offert la cou- ronne ; s'ils la rendent héréditaire dans votre descen- dance et dans celle de vos deux frères, c'est parce qu'il n'existe dans le monde aucun homme plus digne de porter le sceptre de la France, ni aucune famille plus chérie des Français. Commandés par Napoléon, ou par ses fils ou ses neveux, imbus de son esprit, formés à son exemple, liés enfin par son serment ; nous, Sire, et les fils de nos fils, nous défendrons jusqu'à la mort ce gouvernement tutélaire, objet de notre orgueil comme de notre amour, parce qu'en lui nous défendrons *notre chef et nos biens, nos familles et notre honneur.*

Sire, vous avez pris pour devise de nos monnaies ces mots que vous justifiez : *Dieu protège la France :* oh ! oui, Dieu protège la France, puisqu'il vous a créé pour elle. Père de la patrie, au nom de ce Dieu protecteur, bénissez vos enfans, et, sûr de leur fidélité, comptez que rien ne peut ni effacer de leurs esprits, ni déraciner de leurs cœurs les engagemens résultant du contrat mutuel qui vient d'intervenir entre la nation française et la fa- mille impériale.

Mais il faut compléter tout ce qui a rapport à ce contrat auguste ; et, pour y parvenir, le Sénat m'a chargé de prier

Votre Majesté de faire promulguer d'une manière solennelle le sénatus-consulte du 15 brumaire dernier, qui proclame le vœu du peuple pour l'hérédité de l'Empire. Ce grand acte national est lié naturellement à l'auguste cérémonie du sacre et du serment de Votre Majesté Impériale. L'établissement de l'Empire est un phénomène éclatant; mais nous desirons qu'il soit stable, et il ne peut le devenir que par l'ordre établi pour la succession au trône. La sécurité du grand peuple et la vôtre, Sire, en dépendent. On ne saurait donc prendre trop de précautions ni déployer trop d'appareil pour graver cette idée, et pour l'enfoncer plus avant dans les imaginations. Ce fut jadis un sentiment : la révolution eut pour objet de l'étouffer. Nous ranimons ce feu sacré sur les autels de la patrie; la politique le rallume; la religion le consacre; la liberté lui applaudit : il ne doit plus s'éteindre.

Souffrez que le Sénat insiste sur ce point capital. C'est par là sur-tout qu'il mérite son titre de conservateur; n'eût-il rendu que ce service, il aurait bien justifié, et le rang qu'il tient dans l'Etat, et la perspective qu'il offre à l'émulation des meilleurs citoyens.

Dans l'absence du trône, Sire, tous les grands caractères se livrent à des factions. Un peuple est d'autant plus à plaindre, qu'il a des enfans plus illustres; tout ce qui pourrait faire l'orgueil des nations en devient alors le fléau. Dès qu'il y a un trône dignement occupé, les sublimes vertus ont une récompense; c'est d'en approcher de plus près, et la distinction est d'autant plus flatteuse, que des dignités plus réelles portent des noms plus imposans. Le titre d'Empereur a toujours rappelé, non cette royauté devant laquelle s'humilient et se prosternent des sujets, mais l'idée grande et libérale d'un premier magistrat, commandant au nom de la loi, à laquelle des citoyens s'honorent d'obéir. Le titre du Sénat indique aussi une assemblée de magistrats choisis, éprouvés par de longs travaux, et vénérables par leur âge. Plus l'Empereur est grand, plus le Sénat doit être auguste.

Heureux , à cet égard , les membres du Sénat français !
Il n'y a pas d'ambition , militaire ou civile , qui ne puisse
être satisfaite de l'espoir d'arriver au rang de ces pères
conscrits , appelés les premiers à se trouver présens , lors
du serment que l'Empereur doit prêter au Peuple français. Oui , Sire , nous regarderons comme le plus beau
de nos jours , celui où nous aurons été les premiers témoins nécessaires de votre engagement envers la nation ;
et nous demanderons au ciel , que la pompe d'un si grand
jour ne se répète en France que dans les temps les plus loin-
tains , et pour nos arrière-neveux. Ah ! puisse-t-il en être
des fêtes du couronnement , comme des fêtes séculaires
que nul individu romain , dans le cours de sa vie , ne put
jamais voir qu'une fois !

Enfin , Sire , la conséquence de l'hérédité proclamée ,
c'est le dépôt dans nos archives des actes qui constatent
l'état civil des princes du sang impérial. Nous réclamons
ce grand dépôt , et le Sénat-Conservateur prie Votre
Majesté de donner promptement les ordres nécessaires
pour que ces actes importans , confiés à sa garde par
l'article XIII du titre III de l'acte des constitutions
du 28 floréal dernier , lui soient apportés dans les formes
et avec la solennité qui peuvent garantir au peuple l'au-
thenticité de ces actes , auxquels doit s'attacher l'éternelle durée de l'Empire français.

RÉPONSE DE SA MAJESTÉ IMPÉRIALE.

Je monte au trône où m'ont appelé le vœu unanime
du Sénat, du Peuple, et de l'Armée, le cœur plein du sentiment des grandes destinées de ce Peuple que, du milieu des camps, j'ai le premier salué du nom de Grand.

Depuis mon adolescence, mes pensées tout entières lui
sont dévolues; et, je dois le dire ici, mes plaisirs et mes

peines ne se composent plus aujourd'hui que du bonheur ou du malheur de mon peuple.

Mes descendans conserveront long-temps ce trône.

Dans les camps, ils seront les premiers soldats de l'armée, sacrifiant leur vie pour la défense de leur pays.

Magistrats, ils ne perdront jamais de vue que le mépris des lois et l'ébranlement de l'ordre social ne sont que le résultat des faiblesses et de l'incertitude des princes.

Vous, Sénateurs, dont les conseils et l'appui ne m'ont jamais manqué dans les circonstances les plus difficiles, votre esprit se transmettra à vos successeurs : soyez toujours les soutiens et les premiers conseillers de ce trône si nécessaire au bonheur de ce vaste Empire.

———————

La troisième livraison qui complétera le premier volume contiendra les Statuts impériaux prescrits par l'article 14 du Sénatus-Consulte du 28 floréal an XII.

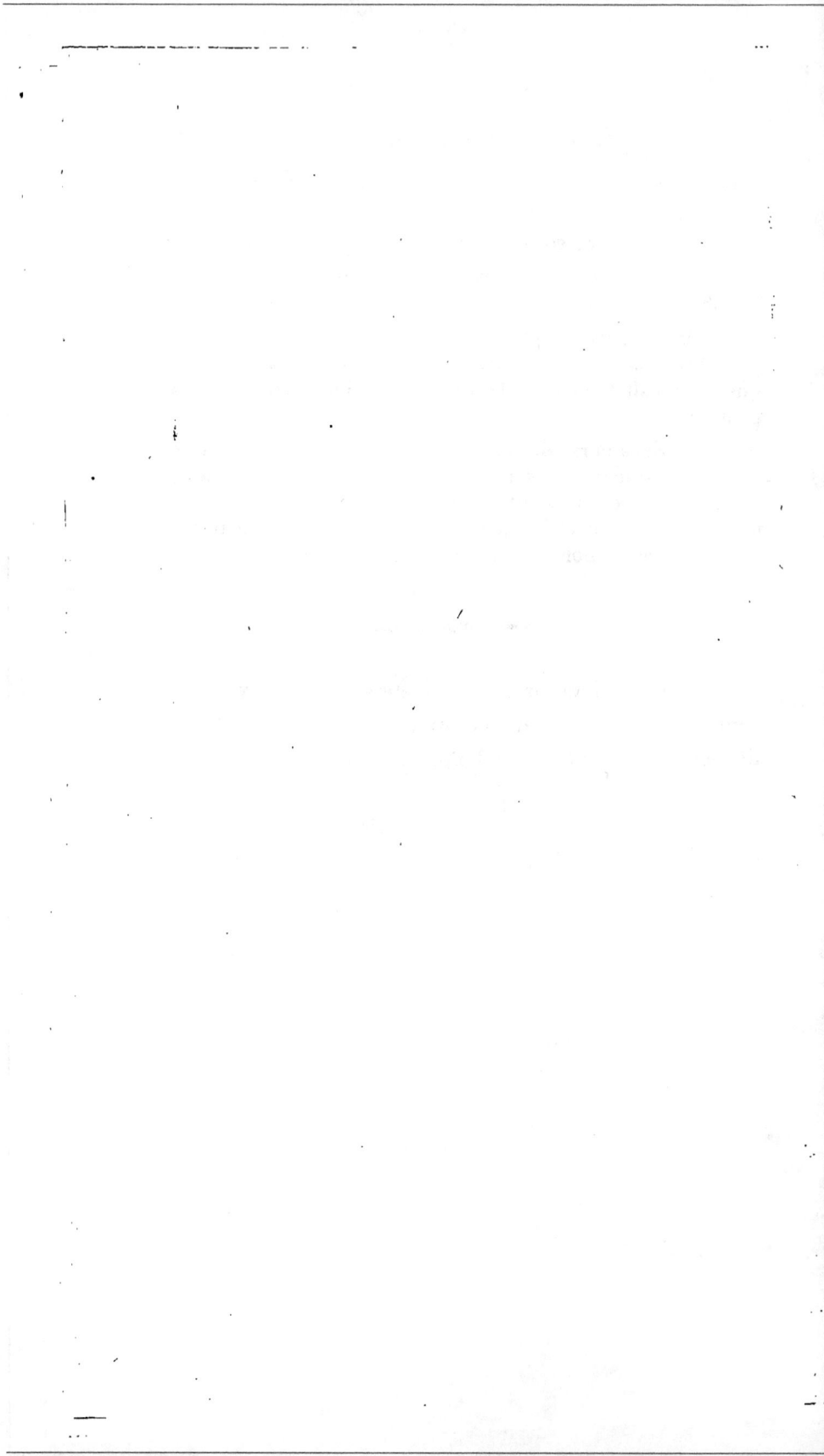

www.ingramcontent.com/pod-product-compliance
Lightning Source LLC
Chambersburg PA
CBHW071701200326
41519CB00012BA/2582